2024年度文成县
文化精品扶持项目

YI
YU
QING
HUAN

一隅清欢

包芳芳 著

浙江工商大学 出版社
ZHEJIANG GONGSHANG UNIVERSITY PRESS
· 杭州 ·

图书在版编目（CIP）数据

一隅清欢 / 包芳芳著. -- 杭州：浙江工商大学出版社，2024. 12. -- ISBN 978-7-5178-6288-8

Ⅰ. K295.54

中国国家版本馆 CIP 数据核字第 2024S08Y49 号

一隅清欢
YI YU QINGHUAN

包芳芳 著

责任编辑	王黎明
责任校对	杨　戈
封面设计	朱嘉怡
责任印制	祝希茜
出版发行	浙江工商大学出版社
	（杭州市教工路 198 号　邮政编码 310012）
	（E-mail：zjgsupress@163.com）
	（网址：http://www.zjgsupress.com）
	电话：0571-88904980，88831806（传真）
排　　版	浙江大千时代文化传媒有限公司
印　　刷	浙江海虹彩色印务有限公司
开　　本	880 mm × 1230 mm　1/32
印　　张	7.75
字　　数	164 千
版 印 次	2024 年 12 月第 1 版　2024 年 12 月第 1 次印刷
书　　号	ISBN 978-7-5178-6288-8
定　　价	72.00 元

序

时光村落

小时候，我站在村口，望着山的那一边，想着得快点长大，因为长大了就可以早点离开大山，离开村子，离开母亲的唠叨，就可以到外面的世界看看了；后来，我长大了，一个人在外面打拼，面对幢幢拔地而起的高楼，不知怎的，开始思念村口的那棵大树，开始想念通往外婆家的那条小路，那间老宅，那片风吹过的阡陌，还有母亲那亲切的唠叨……在磕磕绊绊的人生路上，也慢慢看清语文老师在课堂上所讲的"乡愁"的样子。

哦，原来乡愁是村子里的一座古老的宅院，一群远归的候鸟，一条沧桑的古道，一个远去的传说，一门被人遗忘的手艺……2008 年 12 月，我回乡担任大学生村官，断断续续开始用自己笨拙的笔去记录我眼中的乡愁，我眼中的文成古村落的样子——一个个古村落就像是一卷卷厚厚的竹简，断壁残垣、古宅古道、村民的乡音、手艺人粗糙而厚实的双手……就像竹简上带着墨香的汉字，我徜徉其间，而那古老静谧的村落荡涤着我的心胸，它们从时光深处走来，每个角落都散发着独有的文化底蕴。

在记录古村落故事的过程中，我很感谢那些帮过我的老前辈。比如在写《沉睡湖底的古道》时，珊溪的罗建周叔叔两次帮我核对文字材料，为了核实古道的行走路线，他还再三帮我咨询以前走过古道的镇干部。我还要感谢毛祥芳老师，他拖着80多岁的身子骨，陪我翻山越岭，看宗庙，看山，看水，为我讲述毛坑当地的每一个故事，帮我翻看当地族谱。现如今，这位令人尊敬的老师已经不在了。

在这里我也要感谢我的先生，为了让我完整记录村庄历史故事，他常常要开车数个小时，载着我行驶在弯弯曲曲的山路上，送我到达山中的各个村落，又一直"傻傻"地等着我和当地村干部走完整个村庄、了解完整个村庄的故事才离开。我记得每次搜集完村庄素材，天都快黑了，我们就这样伴着夕阳一起回家。

在行走村庄的过程中，我结识了很多

志同道合的朋友,我是幸运的,也是幸福的。

　　一路走,一路与不同的村庄相遇,一个村庄就是一部变迁史。于我而言,古朴的村庄好像会说话,蕴藏着最美的乡愁。文成县历史悠久。本书以记录文成县的传统古镇、古村落为主,让乡愁有"迹"可循。全书收录《远去的埠头》《古渡古街古城墙》《一壶老酒醉时光》等三十多篇文章,让海那边眺望的游子、在外思乡的故人能"看见家乡的那片云,喝到家乡的那瓢水"。

　　烟火琉璃,不妨寻一处古村落,倚靠时光的大树,寄一抹遥远的乡愁。纵使"世间繁华三千",不如古镇古村"一隅清欢"。

目录

一隅清欢

沉睡湖底的古道

　　2000 年珊溪水库下闸蓄水，龙斗、呑底、项埠……十多个村庄连同古道一起沉入水底，只有待水库放水的时候，才能隐约见到古村落的一山一草一石，还有那藏于湖底曾经人来人往、熙熙攘攘的古道。

　　泰文瑞古道以前是自泰顺经文成去瑞安的交通大动脉，是明清时通往温州的重要驿道，是山民进出大山的必经之路。古道文成段西接泰顺包垟，自双板桥入境经东湾坑、龙斗、坦歧、方前、岂口、大垟口至瑞安营前。目前东湾坑、龙斗至坦歧泥鳅垟路段的古道已经沉睡在湖底二十余年了。

　　从村民口中了解到，从珊溪街尾埠头坐船到茶堂亭，沿江再行至垟地狭窄的泥鳅垟（当地人叫泥鳅堰），就是那段沉于湖底的古道的出发之处。泥鳅垟因地形像泥鳅而得名，此地水中有很多螺蛳，水流非常湍急。在这里有一个叫头君滩的地方，当地流传着一个神奇的传说，说是有一个落难的皇帝逃到此地，忽遇前方水流湍急，眼看后方

飞云江（夏肇旭摄）

追兵要赶上他了，他大声仰头问天："请问天，我还有天下吗？如果我还有天下，你就让我走；如果我没有天下，你就让我死在这。"瞬时，他眼前的江流开始向两边倒退，一条干净的石径裸露出来。皇帝心里非常感激，沿着这条小路跑到了江的对岸，刚到对岸，身后的江水再次合拢。追兵见皇帝过了江，也只能悻悻离开。

在头君滩附近有个岩背，即在下山岭脚南面有条很难走的石径叫狗爬岩，是文成去泰顺驿道的必经之路。因该地段地势险峻，只能在岩壁上开路，于是，此路一边是险峻的峭壁，一边是湍急的江水，行人唯有手脚并用，才能缓缓前行。关于"狗爬岩"这个地名还流传着一个有趣的故事。

一日，明朝皇帝心情大好，问宰相张阁老："张爱卿，你是浙南人，给朕说说浙南有什么好地方啊？"

张阁老一听，说自己家乡，那可是他最熟悉的地方，顿时来了兴致，滔滔不绝地向皇帝介绍："我家乡风景秀丽，有花做的竹岭（巨屿花竹岭），有金做的钟（位于珊溪东湾坑与稽坑的金钟潭），有百丈的口（泰顺百丈口）……"听完张阁老的介绍，皇帝甚是感兴趣。

"浙南如此好地方，那朕一定要亲自游玩一次，爱卿选个吉日，和朕一同前往。"听皇帝这么一说，张阁老手心冒汗，额头顿时大汗淋漓，心想：这下惨了，话说大了。他急中生智，忙下跪："陛下，我家乡虽是好地方，但去这个地方需经过一个崖，这个崖十分陡峭。"

"有多陡峭？"皇帝问道。

"只能一人通行，需手脚并用，学狗爬式样才能前行，上这个崖之前，还得学狗叫三声。"

"我堂堂一个皇帝，还要学狗叫，学狗爬，这颜面何在。"皇帝甚是不悦，此后也就不再提去浙南游玩一事。大家为了纪念张阁老，就将这个陡峭的崖取名为狗爬岩。

继续沿江步行而上，会经过位于牛坑西北飞云江的项竹垟村，你会看到一段狭窄的小路在陡峭的山崖上蜿蜒而上，最窄的地方仅够一人通行。关于这条路的来历，民间流传着两个故事。很久以前，有两个好朋友，一个叫大溪，另一个叫飞云。一日两友相约出去玩，玩闹中，两个伙伴你追我赶，大溪脚下一滑，不慎跌落山崖摔死了。飞云万分

飞云江（夏肇旭摄）

悲痛，就想在好友摔下去的岩背上开路，以供后人能安全通过。每日，他都会上山割来柴火放在岩背上烧，一点一点风化岩石，边烧边凿，终于开出了这百步路来。人们为了感谢飞云开路，就叫这条路为百步崖，当地人又称之为火烧崖。

关于百步崖还有一个版本的传说，说是飞云江上游住着一位帅小伙叫八哥，下游住着一位姑娘叫七巧，两户人家合了八字，决定这年八月让他们拜堂成亲，就有小孩子唱道："七月七订七巧，八月八配哥郎。"由于百步崖所在之地就是石壁旁一小道，道路狭窄，原定的娶亲八抬大轿不得不改成了二人便轿。然而，即便抬轿的人已经小心翼翼贴着石壁走，可轿壁还是碰到了石崖，新娘连同轿子一同滚落山崖。前来迎亲的八哥见七巧掉落急流中，也奋不顾身地跳下悬崖，自此二人再无音讯。八哥的娘亲林妈非常痛心，为了杜绝这样的悲剧再次上演，就将手上的钱捐出，又变卖了家产，雇来了一人，每日和自己一起在岩壁上烧火。他们烧得崖石"噼噼啪啪"响，终于烧出路面三尺三，烧完八十一桶茶油，泼过八十一担山坑水，开出八十一步大路，还剩十九步未烧好，可身上的钱也用完了，于是她就翻山越岭到处化缘，边唱边走："百步崖，害人间，为下代，免灾难，出点油，救救难。"就这样，她翻了三十六座岭，步过七十二条滩，鞋子破了，她就光着脚走。后来，林妈用辛苦化缘的钱又买来了茶油和树枝，烧开了小路十八步，剩下最后一步时，筋疲力尽的林妈再也走不动了。她躺在了地上，蓬乱的头发被山风吹着。她望着悬崖，伸了伸手，似乎在呼唤自己孩儿的名字：八哥……在生命的最后一息，她点燃了自己，烧开了崖壁最后一步，这才烧出了这一百步路，百步崖的名字由此而来。

"百步崖"上还刻有年代久远的摩崖题记，记有南宋景定三年（1262）至明万历年间（1573—1620）的捐银情况。摩崖题记内容如下：

泰顺一都百丈□严□钱

同妻李氏

银五两乞求子孙昌盛

宣平潘文贤助银五两

祈子孙昌盛

瑞安县五十都

山境助柴一片

烧采百步岩路

祈子孙昌盛

刘思耀

重修祈子孙昌盛

康熙三十九年寅辰岁

景宁五都东川采匠

吴老街同侄众

各祈子孙昌盛

福有攸归

信土王投舍银

祈保子孙昌盛

乾隆四十年

……

内容写的都是捐银造路的情况，只可惜现在摩崖题记也随着"百步崖"的沉没一起沉睡于湖底。

经过项埠，坐船过渡到对岸就是龙斗。龙斗位于东湾坑东面飞云江边，依山面水，因村后黄龙山和隔江的林岸山会于村前江潭两岸，形似双龙搏斗而得名。相传龙斗有一火种，可一到夜间就会消失，这对古时取火能力有限的村民而言非常不便。因为山脉白天分开，火种就会点燃，晚上山脉合拢火种就会被熄灭。后来当地人请来了江西的一位阴阳先生，在两山的命脉处开了一道口子，从此就解决了这个问题。《泰顺分疆录》载：百丈口溪合洪口、白鹤渡水，下江口合莒冈水，至马迹合北乡、排前水，至黄坦坑合黄坦坑水，转至金钟潭，出龙斗，古总称"龙溪"。龙溪名就来自龙斗。

龙斗水上交通便利，为瑞安、泰顺、青田三地要冲。据史料记载，在清朝时，泰顺县曾在此设有"龙斗汛"，派兵驻守，盘查行人，至清末裁撤。

在龙斗的对面有个岩台，在李祥福师傅的记忆中，这个岩台就像一个"冥斋"（祭祀用的米塑，类似于斗笠的样子），有两百多米高，沿着岩台爬进去十多米，就能看见一个很深的洞。相传洞内住着一条

飞云江

大蛇，当地群众为了避免大蛇出来祸害，每年都要把辛辛苦苦养大的羊宰杀了给蛇吃。有人看不下去，就想了一个办法，即在羊的身上涂满雄黄，然后一步一步将羊赶入洞中，蛇吃了这头羊后，也就一命呜呼了，蛇死后，洞也被村民封了。撑了三十二年木帆船的李祥福师傅小时候就带着对传说的好奇，钻进过这个洞，洞里边就是黑乎乎的一片，什么也没有。

在荷地对面有个叫马迹的地方还有两块岩石，当地人称其为"神仙送坟"，说是因为岩石长得像神仙挑着一口棺材。相传，神仙挑了一晚上棺材，走累了，想休息一下，才放下棺材没一会儿，天就亮了，这个神仙也就被永久定格在了这里。

飞云江（夏肇旭摄）

　　沿着江边的石头路继续往前走，来到一个相对比较开阔的地方，飞云江在这里有条支流从左边汇入，这里就是原东龙乡政府所在地东湾坑。这个地方就像是个世外桃源，古时候是山货的出口埠头，往上游去是汇溪、百丈口，往下游去就是珊溪、峃口和瑞安。此处古时旧道四通八达，据资料记载：东行经龙斗、项埠到珊溪；南行经松根、松坑到仰山或泰顺；西行经金钟、稽坑、黄坦坑到汇溪；北上卓山经稽垟到黄坦。

　　在东湾坑和稽坑之间还有一个名为"金钟潭"的地方，因石头形状似钟而得名。《泰顺分疆录》有载："潭旁有石，状如悬钟。"此地，山清水秀，风景优美。

　　东湾坑进去就是一条小溪流，再上去就是泰顺的双板桥。

　　也有人在项埠处，不坐渡船去龙斗，而是继续沿着陡峭的山坡崖壁攀爬而上，似有登天的感觉。在崖壁上俯瞰，脚边绝壁下就是滔滔江水，生怕一个趔趄跌落崖底。之后过林岸、支坑、金钟、黄坦坑、湖背、南向、汇溪、小溪口、马迹、荷地、金山、木湾、焦溪垟、严公垟，过百丈至洪口岭脚。

　　古道宽一米左右，一面靠山，一面临江，道路崎岖，虽险峻，但"无限风光在险峰"。古道两边枫树众多，山涧流出的溪水叮叮咚咚，伴着山中的鸟鸣、花香和山风，为行人缓解了些许的疲惫。偶尔走累了，路人就会坐在树下休息纳凉，远眺绵延青山。

　　如今坦歧至泰顺这一段古道已经永久地沉入水底，我们也只能站在水库之上遥想当年人来人往、商队成排的繁荣景象。

远去的埠头

　　清晨走在珊溪桥上，我感觉周围的一切都是雾蒙蒙的，青山和房屋如蒙纱的女子，给人梦幻般的缥缈感，偶尔看见几只水鸭从雾气弥漫的江面漂荡而来，身后的微波悠悠荡开。慢慢地，天边的红日缓缓升起，雾气开始消散，江面露出了它清澈的面容。这时天上一个太阳，水中一个太阳，青山、绿水、房屋一不小心跌落进了江面这一幅画卷里，人走在桥上，仿佛也走进了画中。望着眼前的江面很难想象珊溪曾有过一声欸乃千帆过的场景。珊溪这个千年古镇，曾经水运发达，全程上至泰顺百丈口，下至瑞安。街尾村埠头更是远近闻名的贸易集散地，旧时往来商贾云集、珊溪街头店铺林立，《文成乡土志》载"唐末天复四年（904）瑞安港水运抵达百丈口"，珊溪埠头是飞云江中上游主要埠头地。

　　街尾村因处珊溪街下段，故名。如今走在街尾村，只看见两排稀疏的两层木质民居，一些房屋经不起时光荏苒，已经残破不堪了；一些房屋将倾未倾，似乎在极力维持着曾经的荣光，而落日余晖下的古

民居大门一瞥

街却显得越发萧瑟。我向古街深处走去，宁静的村庄，行人寥寥，脚下传来清晰的足音，古街显得越发孤寂。在两棵枝叶繁茂的小树旁，有一个涵洞，涵洞左侧石壁上写着"埠头"两字，洞内有三四个老人在纳凉，见我来了，十分讶异。当得知我来此的缘由后，坐在涵洞另一头的 83 岁刘姓老人感慨万千，便给我讲起了埠头的往事。

老人站起身来，带我走到洞外，眼前的视野豁然开朗，一江碧水入画来，对面山壁上通往珊湖村的公路蜿蜒而上。老人家告诉我："对面原本有一个很大的岩壁，岩壁下的水很深，我孩童时在那游泳，总

老街一隅

是潜不到底，水性好的人才能潜到底部，估计这水深有十来米。"岩壁有三十多米高，距离这个大岩壁四五米的距离还有一个小岩壁，平日里埠头这边要是停满船只，撑船人就会把船撑到对岸，停在两个岩壁之间形成的天然港湾里。"岩壁上端曾有一条小路，附近有两排木质老屋，有一排是五间相连的，那是公家的；另一排是三间相连的，那是私人的住房。附近有座庙堂，庙堂旁边有个路亭，时常有人烧茶给路人喝，那个地方就叫茶堂湾。"后来因为造大坝，这些人家搬走了，那个天然港湾和岩壁也在大坝施工炸山的时候被打掉了。在老人的印象中，那个画面永远定格在了 1997 年。"以前在岩壁附近打鱼，常常可以捕到好几百斤。"说到这的时候，老人脸上满是笑容，那丰收的喜悦仿佛就在昨天。以前船都停在坑岩滩，天晴的时候，坑岩滩是干的，人可以在上面走。这时候撑船人就会自行组织对溪流进行疏浚，将坑岩滩上的岩石搬到岸边，以便于船只运输，当地俗称"搬滩"。一年要"搬滩"好几次，因为每次飞云江发大水后，又会将江边的岩石冲到坑岩滩上。

说到这，老人有事便起身离开了，又来了一位89岁的叫潘理贵的老人，原本我就是来找他的，赶巧了，这时候遇上了。街尾村埠头的故事在老人的讲述中徐徐展开。街尾村的经济来源主要为板车搬运和船运。"那时候的埠头停满了船只，东湾坑十多条船、竹岩口十多条船、岩竹埠十多条船……上百条船只停满埠头。"埠头上百帆云集，场景十分壮观，繁荣景象深深地刻在老人的记忆中。景宁、寿宁、泰顺等一带的商人来埠头买食盐、米、水产品，因为在埠头买会比在百丈口买便宜一些。在老人的记忆中，百丈口的盐要贵个两分（商家要在进货的成本上加上运费），买好货物之后，商人就通过肩挑的方式将这些生活必需品挑到目的地。说到这，原本在簟席上躺着休息的另外一位老人也坐起身子来，很是感慨地说道："100斤盐，挑到景宁要三天三夜，现在的人估计十几斤都挑不动了。""所以埠头那时候很是热闹，饭摊就有好几家，我自己以前也摆过饭摊。"潘理贵老人说。对饭摊这个词，我带着疑问："饭摊是不是吃饭的摊位？""是的，街尾不像街头，街头是以商业为主，大店、有名气的店铺都在街头。街尾都是些小店，撑船人中午吃了饭，休息一会儿，就撑船到瑞安或者

珊溪镇老照片

百丈口去了。"一条船由两个人负责，珊溪的店家要是进货的话，店家的老板就会跟着撑船人去瑞安进货，店家最喜欢坐对瑞安市场行情了解的撑船人的船，这样就可以由撑船人带着店家去进质量好又实惠的货物。船到瑞安后，会停上一两天时间，等店家进好货后，撑船人再花上两天的时间撑船回珊溪。说是撑船，差不多就是人力拉船。特别是平阳坑到珊溪的水域流浅石多，撑船人需脚穿草鞋，用竹杠穿过船头鼻孔，用肩扛。再有一人于船尾用背驮，同时用篾缆系着船桅，由六至十个人齐力拉纤。有时候因为船只货物重，纤被深深地勒进撑船人的肉里，众人卖力拉纤，个个脸挣得通红，几乎贴到了地面。上滩时，基本上由三四只船的撑船人相互配合，将一条条船逐一背到水深的江里，这样从平阳坑到珊溪就要花去一天半的时间。

"上来吃海鲜，下去卤点盐。"这是当地流传的俗语，说是撑船人通过劳动，手里有了钱，就可以改善生活。老人说，撑船虽辛苦，但可以拿现钱，加上街尾村村民还可以通过拉板车装货的途径挣钱，所以很多其他村的女子都喜欢嫁到珊溪来。埠头拉板车的小道是一段由溪滩石铺砌而成的三四米宽、百米长的道路。过年的时候，这条道最为热闹，板车来往，商贾云集，密密麻麻，人头攒动。

珊溪距岙口和汇溪均为 15 公里，是文成、苍南、平阳、泰顺边境地区物资集散地，水运业历史悠久。相关资料记载，清代至民国时期，珊溪以"船帮"为单位，各自结伙为"帮"。水上霸头统揽货源，分配给各"船帮"运输。水运氏族帮会一直延续到 1949 年才解散。1949 年时，船帮有木帆船 88 只，共 440 吨位；配有船工 179 人，年货运量达 1.5 万吨，年载客总量约 1 万人次。1953—1956 年，县人民政府整顿水运，先后建立船筏会和集体所有制的船筏运输合作社。之后珊溪也成立了运输合作社，木帆船由合作社统一管理。珊溪运输合作社位于珊溪街尾，于 1956 年 8 月成立，系集体企业，隶属交通局管理。岙口至珊溪公路未通车时，瑞安、大岙往珊溪、泰顺方向的物资在岙口转运，水运仍可维持。1978 年，珊溪公路开通，大部分水运被陆运取代，船民只能靠有限的水运维持生活。而年轻一代大部分已放弃传统的水运业，另谋出路。1997 年，珊溪水库开工建设，一些撑船人搬家到了温州市及瑞安一带，另一些撑船人因为不舍，则继续留在这一片土地上寻找其他出路。

一隅清欢

珊溪镇埠头老照片

　　村内曾有一条"门前坑"，是一条流经村庄的小溪，位于现在街尾村2到6号门牌住房的后面，溪水清澈、干净，常有人在溪边洗米、洗菜、挑水。盛夏时节的夜晚，常有人将门板横在溪面上乘凉，也有人直接躺在溪滩岩上睡觉。

　　江风微微拂过一望无际的水面，忽地，闻见欸乃声，我定睛一看，什么也没有，不禁感慨：青山绿水中再也难见那片片帆影。

古渡古街古城墙

　　峃口是一个依山而建、依水而居的村庄，房子大都建在用石块垒砌的高高平台上或一些崎岖不平的山路上，层层叠叠，错落有致。一江碧水缓缓流过，峃口大桥横跨江面，幢幢民房与两岸青山相映，山水相连。不远处，峃口小学传来少年的琅琅读书声。

　　峃口为县城的东南门户，在明清时属嘉屿乡五十一都，旧时是瑞安、泰顺水路的交通要道，地处飞云江中游，境内水系较多，溪流蜿蜒曲折。主要溪流为飞云江、泗溪和九溪，行政村调整前，峃口村由飞云江、飞滩河两个自然村组成，因地处泗溪流入飞云江处，又位于大峃出水口，故名"峃口"。

　　村子里的俗语说："龙凤把水口，富贵出源头。"前半句话指的就是峃口，峃口古称"鹤口"，意即大鹤之口，有龙山、凤山分峙左右，形势险要，地处瑞安、平阳、泰顺三县水路交通要道，商贾云集。后半句"源头"指南田，南田是稻米产地，出过明朝"帝师"刘基，是个"富贵之乡"。

村内零散地分布着几座石砌的房屋，最引人注意的是主道边上蜿蜒的石阶，光叶子花的藤蔓如入无人之境般，任意攀缘在白墙上，在路的两端形成了一个天然的拱门。我拾级而上，似乎走进了秘密花园。住在上面的大爷正俯身将砖块搬运至墙角，邻近的大娘悠闲地坐在自家门前纳凉。知道我的来意后，大爷停下手中的活儿，站在窗栏前，指着街角和对岸告诉我，他家是这条街道上最早的住户，从他的父辈开始就住在这里了。在从前航运兴盛的时候，峃口是个热闹的地方。大娘家住的地方在那时是一家饭店，这家饭店的生意特别好，当时一碗饭是九分钱，一个菜也才一毛多，上百条船只在这里来来往往，来店里吃饭的船家络绎不绝。在这埠头上，一些船家还会上岸到农户家里买些家酿的红酒，带到船上，就着小菜和番薯丝抿上好几口。听着大爷的回忆，感觉峃口埠头的繁华时光好似还停留在昨日。

走过峃口大桥，我们来到龙凤自然村，村内有一座古堡址，位于峃口泗溪河与飞云江交汇处，俗称"半爿城墙"，另半爿位于樟台乡樟岭村。当时村民于明嘉靖二十五年（1546）奉命开始筑城堡，嘉靖二十八年（1549）十月完工。古城墙绵亘逶迤于龙凤古山上，为什么叫"半爿城墙"呢？当地有一句民谚——"处州十县九无城，温州五县六条城"，这其中的第六条就是指樟岭、峃口各半条。半爿古城墙一端连着城底深（地名，方言），一端连着沙塆角（地名，方言），全长1000余米。由于村庄时常被水淹没，于是在明代，当地报请建半爿城墙以御水，人民因此得以安居。城墙也用于防御，阻止敌人和外来人员进入，另外，在河道运输方面也起了一定作用。原城堡有五个

半爿古城墙遗址

城门，毁了两个，清时加建一个。拱券门分别依山弧形修建，均为花岗岩块石砌筑，样式各不相同，有的拱顶数根条石并列砌筑，有的顶部外拱形、内平铺，踏步均由溪中卵石铺设。城堡中民居皆依山而建，呈阶梯状分布。现如今只剩下部分墙脚基础和四个洞口，断壁残垣见证着历史的沧桑，透过散落的古城遗址，依然可以看出当年村庄的繁华和城堡的坚固。

　　龙凤村内有一条古街，最初称岜口街，在古时非常热闹。据《文成乡土志》载：（岜口街）地处水陆交通要道，瑞城、泰顺、大岜来往货运船筏均以此为中心，商贾云集，市场繁荣。据民国二十年（1931）调查："街长55丈，宽9尺，房屋115间，商业5户。"瑞安至文成的公路通车后，货物改由货车装运，船筏停业，此地水运商业因此而衰落。现如今，此地为乡校所在地。居民主要有郑、王二姓，郑姓迁自福建，王姓迁自永嘉，郑姓人口比王姓多。在古城一头有一个石砌的碉堡（炮台山），占地二三十平方米，高三四米，是早期某部队进驻峃口后建立的。为了防御日本人的进攻，他们在山上搭建碉堡，以山上石头为武器，阻止敌人进犯，曾经打过几个小仗，之后太平无战事，炮台山就此荒废，遗址也再难寻到。

村内还有一渡，名为峃口渡，在秋冬干旱期，水面不宽，水位较浅，水流平稳，渡工就用两根粗麻绳或尼龙绳一端分别缚在渡船两头，另一端固定在两岸的石墩或木桩上，让行人自行拉绳过渡。据一位在原峃口区小任教的教师回忆，峃口学生大部分来自隔溪的新桥和龙车两个行政村，每天有数百人经过此渡口。记得每当溪水暴涨时，急流两岸分别站满教师和学生家长，个个提心吊胆地接送孩子上下学。面对湍急的大水，渡工则镇定自若，核定上船人数后，先沿溪边逆流而上，到了一定的距离，选择合适位置，迅猛有力地将船撑到溪中，趁着水势直流而下并掌握好方向竭力向对岸划去，直达终点。这样，多次反复，直至全体学生都安全到达彼岸时，教师和家长才卸下心中那块沉重的石头。1983年，在原峃口渡的上面，建成了一座大桥，因该桥东、西两侧分别为龙山和凤山，龙凤护水口，寓意吉祥，故取名龙凤桥。此后，学生再也不必为上学而涉险过河了。

龙凤古桥

现在峃口学校的旧址是太阴宫（娘娘宫），宫内有个大戏台，周边来往的人都会汇聚在此看电影、听大戏，大戏有越剧《碧玉簪》《白蛇传》等，戏曲里的故事情节，峃口老人至今记忆犹新。据《文成乡镇志》载：民国三年（1914），王一山借峃口娘娘宫为校舍，创办瑞安县私立钥知初等小学；二十五年（1936），易名瑞安县立峃口初级小学。据81岁的胡金花老人介绍，太阴宫（娘娘宫）始建于明朝天启四年（1624），有大殿七间，两廊五间对称，前有大戏台一座，中堂塑有数尊佛像，后被倭寇抢烧而光。倭寇的侵略罪行激起民众爱国热情，民众组织抗倭队伍，在峃口滩山背搭岩排，垒石头，阻击倭寇入侵，将敌歼之。为纪念战倭之胜，将峃口滩背改名为"擂岩下"，并将每年正月十五作为抗倭纪念日，放水灯纪念，直至 1947 年止。为保佑国泰民安，在清朝光绪元年（1875），又一次重建太阴宫。为了防止倭敌再次入侵，高筑城墙半爿。不幸的是，在民国元年（1912），太阴宫被百年未遇的洪灾冲掉大半。在民国二年（1913），第三次重建，直至 1949 年，为了发展文化教育事业，培养人才，峃口人民自愿把娘娘宫改为学校。

在峃口隔溪对岸，有个自然村叫隔岸堂，清乾隆时，龙川赵氏建堂亭于此，故叫"隔岸堂"。该村地处江边山脚，村舍依山而建。《文成乡土志》有载，据民国二十年（1931）调查："街长 85 丈，宽 5 尺，房屋 108 间，商业 8 户。"瑞安至文成公路通车后，这里的市面代峃口而兴盛。后江桥建成，交通更加便利。

走过汀步，一群老人坐在古树下谈古论今，其中有一位撑船人——78 岁的叶还电老人，他对峃口渡的过去记忆犹新。老人家 16 岁开始跟随父亲撑船，运送峃口到瑞安的往来物资，每次都是从大峃、珊溪等地方收集木材、大米、干菜，然后运到瑞安，再从瑞安运送水产类及生活类必需品到峃口，最后通过竹筏将物资运到大峃。老人清晰地记得，那时候峃口运输社有船只 70 条，船工 150 名。旧时的峃口码头，渡口密集，水上运输发达。从相关资料中了解到，1949 年，峃口共有木帆船 184 条，846 吨位，船工 368 人，年货运量 3.7 万吨以上，载客量约 2 万人次。1953 年进行水运民主改革，在反霸斗争中，水运霸头被镇压，取消"氏族帮"，成立"峃口船民协会"。1956 年 10 月，

汀步

成立岱口乡运输社，标志着码头发展到了鼎盛时期。1958 年以后，瑞安至文成公路、文成至玉壶公路、岱口至珊溪公路相继通车，往来物资及旅客逐渐转向陆运，水运业日益萎缩。

循着时光的轨迹，我细细打量着古渡、古街、古城墙，好似在清浅时光中读着半部岱口史。有人悠闲走过，停下了脚步，像是在轻拾起遗落于时光中的恍惚记忆。

在那山花烂漫的地方

　　每到三月，我总会想起桂库村口的那棵樱桃树，树上开出的花瓣或深粉或淡粉，一簇簇的，顶着晨霜悄然绽放在刚刚到来的春天里。山上的花也仿佛受到这棵树的情绪感染，在弯弯的小路上"突突地"冒出来，红的白的，各自顶着晶莹的积雪，俏皮地张望着急匆匆过路的穿着棉袄的行人，大有一方"俏也不争春，只把春来报，待到山花烂漫时，她在丛中笑"的意味。在素有"文成西藏"之称的桂山之巅，桂库村就好似一朵静待的、烂漫的山花，无论日月星辰如何变化，它都能在每个春天如约绽放着自己的色彩。

古树·奇山·怪石

　　桂库村历史悠久，周边绿树苍翠，竹林茂盛，风景秀丽。据《浙江省文成县地名志》记载："桂库，四面环山，形似库，毛姓于宋末自泰顺桂阳迁此始居，为不忘祖地，取名桂库。别名都铺。"所以桂库也叫都铺。《泰顺分疆录》中也称"都铺"。桂库行政村，乡境在明景

将军岩与夫妻树

泰以前属瑞安义翔乡五十七都，景泰三年泰顺设县，划归泰顺，1948年文成设县时，由泰顺划来建立山垟乡。

村内柳杉颇多，古树资源丰富。因为古树虽历经风霜，仍枝繁叶茂，生机勃勃，所以村里人对古树极为珍视。桂库村境内最大的树，当数火焰山的两棵古树，树高达 40 米，树腰粗得要用四人环抱，在当地堪称"树王"，据当地村民说这两棵古树树龄有 500 余年了。相传，先人栽种这两棵树，就是为了堵住火焰山上的火焰，以消除村民房子的火灾隐患。关于古树的历史，毛氏族谱中有一段文字记载："雍正间，差役欲伐里之大木以为公用，组织者俱罹法纲，适有虎奔至里中，众逐而攫之，公遂以其皮献，遂赎罪得免，皆公之谋也。"从这里可以看出桂库村的祖先对古树的保护意识很强。

紧挨着火焰山的是金字山，它屹立在桂库村的西南面，从山名就可以得知这座山形像一个"金"字。听当地的村民说，这座山乃宝山，因山在西南面，所以大家的房屋都要坐北朝南，希望自己家里年年光景好。关于金字山，毛氏族谱里是这么描述的："前列有山金字形，天然雕镂一华屏，参差树木毫飞舞，浓淡云烟墨润冷，岂假右军挥大笔，疑来摩诘画丹青，开窗远眺堪凝目，胜似横渠左右铭。"

桂库村由于地处平均海拔 760 米的高山处，一到冬季，寒冷的冰霜就会覆盖树枝和山崖，崖壁、翠竹上也会挂满冰凌，一片白茫茫，恍如天仙倾撒的白色花絮，奢侈地铺就一地。我最爱桂库村的将军岩。毛氏族谱中写道："桂库皆山也，其环绕于四围者，层峦叠嶂，翠然峙立，修竹茂林，蔚然深秀，其西南诸峰，石柱孤撑，望之如严威可畏之将军镇立也。"这里说到的将军就是将军岩。每日清晨，太阳的光辉犹如仙子的爱慕般，最先洒落其上，把将军的铠甲映照得金光闪闪，让那挺拔如苍松的英姿更加刚健。将军岩旁边是一对夫妻树，分别斜插在两边的悬崖上，挨着将军岩。眼前的景色，似乎在诉说着一个凄美的爱情故事。

桂库村的东向有一个塔盘岩，奇怪的是上面有一个人和一头牛的脚印，而在村子另一边的牛角岩上同样也有一个人的脚印，传说这些都是神仙的脚印。啊，神仙的一脚可够大的了，一脚就跨越了村的两边，真有"一脚定江山"的气魄。

廊桥·古道·鳌源

桂库村有一古木廊桥。据《文成乡镇志》载:"古廊桥,在桂库村,距今 286 年的木廊桥。据悉此为该县现存完好的第二座木廊桥。该木廊桥坐落在桂库村的水口地方……建桥前,行人过此得拐弯桥底约 50 米处涉水过坑。清康熙丁酉年(1717),村人毛应宋领头建造此桥。桥上盖有桥楼 6 间,顶高 5.2 米,木椽盖瓦,每间 4 柱 4 米,四周置有全槛,栏杆、槛外用直板封闭,予以防范风雨危险。桥头西首立有清道光十五年(1835)的反腐石刻碑文。碑额为'三都一志'四字,楷书,阴刻,碑文为清道光十五年(1835)十一月泰顺陈知县所立(1948年前桂山乡属泰顺县管辖)的告示。内容主要是提醒村民,清道光年间有不法'胥役'借官谷之名招摇撞骗、中饱私囊。近 300 年来,经村人几次维修,目前该桥保存完好。"关于廊桥的情况,毛氏族谱中也有记载:"桥梁所设以利行人也,若地非通衢犹在可有可无之际,桂库水口一桥梁东通瑞平,南走闽福……"从中可以看出该处原是文成、平阳、苍南、泰顺四县交通要道,是平阳通往泰顺、寿宁的古道口之一。

在廊桥的附近有一古道,路两旁杂草丛生,据村里人说,这条道古时候是一条繁华之道,距今已经有 500 多年了。相传,古道是神龟的脖颈,是龙脉所在的地方。

见证桂库历史的还有一源头,名为鳌江源头。关于源头,历来有鳌江发源于泰顺九峰、瑞安大尖、平阳狮子岩或文成桂库之争议,为了确定源头,1987 年 6 月 9 日鳌江志编纂领导小组,对鳌江源头进行实地勘察,最终确认桂库为鳌江源头,这些事情在源头旁边的碑文《鳌江源头勘察记》上有详细记载。碑文上还刻有"其高程为海拔八百三十五公尺"。鳌江是浙江八大水系之一，其干流发源于桂山，流经文成、平阳、苍南后进入东海。鳌江源头谷幽林寂，奇峰险壑，溪流潺潺，现为大批游人所青睐。游人到此，一来为欣赏佳景，二来想看看这气势磅礴的鳌江，它的源头究竟是怎么一番景象。

　　山花、古树、奇山、廊桥、古道、鳌源……此刻，夕阳落下去了，古村里农户家的炊烟升起来了，那蔓延开的一片嫣红，醉了天边的山，醉了缥缈的云，也醉了我这个看风景的人。

鳌江源头勘察记

鳌源

古宅惊艳了时光

"公阳好财主,双桂好地土。"这句话似乎已经成为文成民谚。据《瑞安县志》记载:街长150丈、宽7尺,房屋45座、商业10户。由此可见公阳之富裕程度。以前,公阳属于瑞安管辖时,瑞安、大峃一带的人们以嫁女到公阳为荣。初次到公阳是在"利柿节",那时来得匆匆,我对她不甚了解;第二次是到公阳调研,一位干部带我来到公阳村"第三份叶宅"前,当推开古宅大门的那一刻,竟被眼前的建筑吸引了,仿佛不经意间拨动了"时光"的琴弦,让我流连忘返;第三次来公阳,是因第二次的"着迷",有幸和沈学斌老师一起游学公阳,让我也爱上了这个"移步一景,一步一景"的地方。

公阳历史悠久。据《文成乡镇志》记载:公阳域境自隋至清,曾属永嘉县、安固县、瑞安县嘉屿乡五十三都。公阳地处县境东南,乡政府所在地为公阳村,此地古代曾建造过四合院14座,时光荏苒,现在很多只剩残垣断壁,以及门台、地基和人们口中相传的故事;有些被荒废在那里,里面堆满了稻草和木材;还有一些是幸运的,被好

叶宅

心人保护了下来。

　　"第三份叶宅"是保存最完好的古建筑。当走过门台，推开那厚重的大门时，一种跨时空的古朴气息迎面而来，让人不禁想起那一句"庭院深深深几许？云窗雾阁常扃"。顿时有穿越古代的错觉。该建筑建于清朝乾隆年间，由门台、前屋、正屋、左右厢房组成三进合院式院落。砖砌仿古构，屋面悬山顶，置阴阳合瓦。前屋与正屋均建于青石质台基上，共两层。二楼前设回廊，四周置美人靠，建筑结构极为自由。庭院幽深，院中几株草木婆娑，缸内睡莲叶子碧绿滚圆，密密挨着，把庭院衬得更加幽深。站在露天的院中，从台阶往对面望去，是一座在蓝天白云映照下的"金字山脉"。缓步沿着木阶上楼，站在美人靠边缘，往对山望去，那又是另一番美景。叶氏后人告诉我们，这座古宅在最繁盛的时候，有 200 余人居住其中，人丁之兴旺无不让人感叹。而宅子里发生的故事，我们已经很难寻觅，只听说"武当太极拳社"创办人叶大密的妻子就是居住于此。此刻，黛瓦、飞檐、美人靠……已分不清是谁惊艳了这一地的时光。

我们移步至"叶大密故居"。叶大密是叶式太极拳创始人，其故居坐西朝东，为二层木架结构，南北厢房各有两层，面阔为三开间，中设腰檐，二楼前设美人靠，房顶为青砖小瓦阴阳合铺，天井以毛石铺地。原建筑由门台、正屋、两侧厢房组成合院式院落，如今门台因建村公路而被拆除。建筑上的木雕层次分明、栩栩如生，虽然还有人

叶大密故居

居住，但木窗已蛛网密布，些许门窗已经腐朽。叶大密的一生极具传奇色彩，"1917 年在北伐军第二十五军第二师第八团任职时，从田兆麟老师（1871—1959）习练杨氏中架太极拳"。村子里还流传着一段他的爱情传说。据说，他的妻子原本已经许给另外人家，为了抱得美人归，他半路抢亲，这才成就了"今生良缘"，也给后人留下了一段佳话。

顺着弯曲的小径往前走，我们来到"桥头队叶宅"。这座宅子位于路旁，需拾级而上，门框下面的横木条已经残破，只留下两段残木嵌在门框里。木条上的木雕玲珑剔透，独具匠心，虽经历风雨侵蚀，但依然清晰可见。此古宅建筑结构与"第三份叶宅"相似，但其建筑面积略小。古宅屋檐下有燕子筑巢，灯笼垂挂，依然有人居住。我真

桥头队叶宅

心羡慕生活在这里的人，可以时常听到雨滴落飞檐的声音。此情此景倒应了那一句："旧时王谢堂前燕，飞入寻常百姓家。"

公阳的古宅有"口"字形和"日"字形的四合院，"口"字形是二进式建筑，"日"字形是三进式建筑。我们找到了一座"日"字形的古宅，但只剩下最后一间屋子了，前面的建筑已经被拆除，只剩下门框的石条为证。后院的古井已干涸，物是人非，不禁让人惋惜。

来到清朝水师将军陈步云的出生地上岳头村参观，映入眼帘的是一座很古老的六柱台门。它矗立于村中，在周围新建筑的包围下显得有些突兀，使人受到了强大的视觉冲击。沈老师告诉我，这个老台门在十几年前修建康庄公路时，差一点就要被拆掉了，是当地村民要求保留下来的。

一座古宅，一个故事，虽然它无声，但已惊艳了时光。

有些人来过，走了，似曾从未来过；有些人来了，走了，却如清风拂面，在历史的书页上留下浓墨重彩的一笔。

公阳乡主要由叶、陈、施等姓氏居民组成，历史悠久，人才济济。据沈学斌老师的《千年古乡公阳》介绍：907 年，"是年，闽州郭太守因避乱从福建徙居公阳（今文成）"。《瑞安县志》记载："郭公阳神，唐末人，郭令公裔孙，逸其名，官闽守。避黄巢乱，徙居紫华山中，贼至，率众立屯堡，设方略，击杀数十人，遂解围去，后殁于此。乡人皆德之，为立祠，其地命名'郭公祠'。"这就是公阳地名的由来。自郭公之后，陆续又有叶、陈等姓人，因流连山水而徙居于公阳。

公阳人才辈出。《瑞安县志》有载，叶氏在元明时期曾出过叶番、叶鼎两位举人，为此建有"世英坊"。《文成县志（1991—2011）》《千年古乡公阳》等文献记载，陈步云、叶葵和叶鼎父子都是生于公阳的名士。

陈步云（1773—1850），名世镳，号锦堂。原籍公阳岳头村。年弱冠，以弓箭技入瑞安营担任左标守兵。清嘉庆十二年（1807），任温州镇标左营把总，参与平定海盗蔡牵有功。越二年，升左营千总。后，复领温标中营、镇海营守备，黄岩左营、定海左营外海水师游击等职。迨道光二年（1822），署玉环营参将。继任乍浦、镇海营外海水师及温州、黄岩等镇参将。于道光十年（1830）补授福建闽安协副将，旋

陈步云故居老门台

以军功（平剿海盗）擢定海镇总兵。十五年（1835），诰授武显将军。历官广东琼州，浙江温州水师、海坦，福建福宁、金门等镇总兵。因军务奔波，足疾不治，于道光十九年（1839）乞归。二十三年（1843），建第于瑞邑西门后街。

叶葵（1306—1375），字叔向，号云泉逸民。世居郭公阳紫华山。18岁失怙，其时有两弟一妹尚在襁褓中。叶葵以兄长自待，竭诚教育弟妹成人，并为其弟择媳立业。又岘山有一董姓孩童，幼失双亲，董舅以孤托葵，待葵将其抚养长大后，不但报酬分毫不取，反以财物厚送董家。遂以孝友闻。性嗜学，曾"闭户十余年，玩索群籍，窃探义理"（《文成县志（1991—2011）》），生活上一食一息有法度。元至正十年（1350），葵为避乱迁居瑞安塘下。十七年（1357）寓居温州，结识龙泉章溢。溢慕葵学识，礼聘他于龙泉匡山书院讲学。二十四年（1364），朱元璋率大军攻克金华，葵方归紫华山故居，寻移白石山下，以花竹自娱。卒年70岁。著有《镜清纪拙》《随寓吟稿》《白石陶咏》若干文章，序跋文、铭记、杂著多篇，晚年作《逸民传》，未毕而殁。受教之学者，私谥葵为"继道先生"。

叶鼎（1331—1387），又名文鼎，字思尹。公阳人。幼习经业，聪颖儒雅。承父叶葵所学，博洽多闻，然屡试不第，乃隐居养亲。明洪武十一年（1378），由邑宰黄道荐为蕲州学正。十六年（1383）迁广信教授，应御史詹徽所荐，得以拜见明帝，所作《秋霁》颇合帝意，授鲁府左长史。十八年（1385）除国子监司业，寻擢礼部郎中。未久病笃，于次年正月而卒。撰抒立志之《寓感》《志道》两赋，有濂洛

《纪言》49篇，惜皆佚而未见。叶文鼎与瑞安卓敬为洪武丁巳（1377）同科举人，并同朝为官十余年。

除叶葵、叶鼎外，叶姓入载族谱的官员三十多人，其中包括十一世叶致弼和十二世叶元发，皆官至礼部郎中。公阳历史上还出过"十八秀才"，可谓人才济济。由此可以看出，叶氏家族的人才辈出与其非常重视子孙后代的文化教育息息相关。

最让我惊奇的是叶姓祖先竟然姓沈，但是当地村民又告诉我，古代沈、叶两姓子女是不允许通婚的。还有一奇是叶姓分为"老叶"和"嫩叶"，为何如此？沈老师探究了许多材料，却说法各异，无一定论。这多少给历史故事蒙上了一层轻纱，等着后人再去探究！

悠悠古韵，一醉千年；徐徐清风，吹拂心田。"如果有来生，要做一棵树，站成永恒。没有悲欢的姿势"。感觉公阳就是这样，它站成了时间的永恒，非常沉默，非常骄傲！

落雨树庇佑下的村庄

那一日，说来也巧，我正好要去朱川村，没想到朱川村的支书正好在镇上办事，于是我和懂哥一起搭了他的车去了村里。一路上，山路弯弯绕绕，沿着文泰公路行驶约莫十来分钟后，一排古树群缓缓映入眼帘，古树成荫，清荣峻茂是我那时对眼前所见的第一感觉。我数了数，一共有 25 棵古树，其中有两棵是红豆杉。相传村子里那两棵枝繁叶茂的红豆杉，大旱时还会下雨，又称"落雨树"。对于这几棵古树，祖上明确了须严格保护的规定。老族谱上记载：祖上所种树木理应保护，如有乱砍者，罚款 1500 文钱作为公用等等。村口两山环抱，石貌奇特，有一小溪蜿蜒在山谷和村子里。近处古树茂盛，溪水清澈，远处山色空蒙，青黛含翠。村后有山，山岩高耸，形状如狮头，所以村子里流传着"石将军守水口，岩狮子霸源头"的说法。

朱川村原名"朱坑头"，位于珊溪镇西南侧八公里处，即西山和仰山之间，是珊溪牛坑的水源头，现在村子由上岱、岸塘、张山、朱坑头、沙湾、三丈降等 6 个自然村组成。村庄历史悠久，距今已有

500 余年历史。朱姓人于明嘉靖二年（1523）自稽垟迁此开基，故名朱坑头（《文成乡土志》）。清嘉庆十三年（1808）《瑞安县志》称"朱坑庄"。在 1912 年办村校时，学校取名朱川小学，同时取"朱川"二字为村名，并沿用至今。朱川境域在明景泰前属瑞安县义翔乡五十六都。明景泰三年（1452）置泰顺县，划归泰顺，属泰顺县三都。清代及民国照旧。文成建县后，朱川村于 1948 年 8 月归文成管辖。村庄古老、安静，美得像一幅山水画。村内至今保存着十来幢完好的明清时期的古民居，其中有朱仁忠故居、朱德政故居、朱必洄故居等。

那一日来村子里最幸运的是碰到了对朱川村历史非常了解的 68 岁的朱龙详老师，所以探索朱川村的过程也变得十分有趣。据朱龙详老师介绍，清朝年间，泰顺至瑞安一带水匪曾霸占河道，朱顺德公不忍心民众生活在水深火热之中，于是一路步行至省府，为民请愿，请求省里出兵剿匪。到了省衙门，顺德公看见衙门内摆着钉板，要想见到省衙门的老爷就得过钉板。想到家乡被匪患弄得不得安宁的父老乡亲，顺德公咬咬牙，竟从钉板上翻滚而过，以致弄得满身伤痕。省衙门的老爷此举为的是考验顺德公的毅力，却也被他的勇敢打动，于是赏赐给了他一把大刀，当下就派兵连夜赶到顺德公所指的水道，在朱顺德公未到家前就把水匪剿灭了。听朱龙详老师说，至今省府赏赐给顺德公使用的那把大刀还保存在农户家里。

沿着蜿蜒的村庄小道我们一路向前走，旁边的小溪在村落里潺潺而过，屋旁的树木郁郁葱葱，几枝叫不出名字的山花从农户家的围墙内探出脑袋。斑驳的墙壁，鲜艳的花朵，偶尔扛着锄头走过田间的老人。

朱克弼祖宅

闭上眼，我呼吸着夏天带着山的气息的风，感觉山里山外仿若两个世界。不知不觉中，我们走到石墙围成的古屋前。老先生告诉我："原本这房屋没有石墙，你看，这房屋的对面有一条山道，这户人家怕'路冲'，会不吉利，便做了这石墙。后来，村里为了造路，就把石门台移动了位置。"可以看出，被移动的门台两旁垒砌的新石和旧石存在很明显的色差。跨过门台，我和朱老师往里走，这是一座五开间的木质清朝老宅院，整体保存完好，屋宇、梁架、门窗上的雕刻工艺精致——这里就是村民朱克弼的祖宅。百年时光已过，古民居历经风雨仍屹立不倒，一座古民居也见证了一个村庄的历史。

贡生府邸牌匾

在朱川村外道旁曾有一个石建的百岁坊（贞寿坊），雕琢精美。《文成乡土志》载，百岁坊是清朝政府为一百岁老人而建，毁于20世纪六七十年代。村人曾用其旧石料建造水口桥，小桥石栏，精巧美观，人游其上，置身于小桥、流水、古树、奇岩的美景中，诗情画意油然而生。此桥的建造既经济实用又保留了清代石工手艺，可谓一举两得。

沿着村道，我们又来到了不远处的坑底（自然村）朱克弼民居处。这座民居前院与五世同堂祖屋后院相邻，也是一座传统的木质建筑。石子垒砌的围墙，错落有致，与周围青山相映，形成一景，看起来古朴自然。相传这个民居的祖上仁忠公和仁厚公不但与人为善，而且乐

于助人。仁忠公见到穷口来往的行人在下雨天要冒雨等船，于是就回家商议出资到穷口渡船口建了一个凉亭，还买了一条渡船，雇了一名长工撑船，免费给来往的行人坐船渡河，渡船要是损坏了，也由他家出资予以修复；仁厚公见从朱坑头经三十六培（三十六个山弯）至平溪再到泰顺方向行路不便，常有土匪出没，伤害村民，就与家人商议出资雇长工，从朱坑头到平溪这三十六个山弯都铺成石子路，他还亲自担米送给长工吃，以表诚意。后来有了这条石子路，走的人多了，土匪也就不敢出没了。朱氏的老祖先倡导的就是勤俭爱家国，律己而容人。地处坑伸（自然村）的这座旧居，原是清代的翰林学士朱必洄所建。朱必洄是朱仁厚公的第三个儿子。当年必洄公考取廪生，当日回乡时，找此僻静处，单独建造房屋，作为读书用房。以前，必洄公

朱坑头第三房

每周去温州读书的时候，竹筒里就装了豆子炒盐巴一个菜，在读书期间就用豆子炒盐巴下饭，一吃就是一周，吃完了，下周回家再带。

必泗公后世的子孙中，很多人考上了浙江大学、中央财经大学等学校。话匣子一打开，朱龙详老师又给我讲了一个红色故事。在1937年春天，粟裕师长在浙南的部队里有士兵受伤，有到此（必泗公故居）疗伤过，伤好后回部队。后来中共地下党组织来朱川时，住在上岱奇峰山上，有一次党组织负责人林志东生病了，由当地的中共地下党员朱强背着他到此地治病休养。几天后国民党部队在朱川搜查中共地下党组织时，把这座旧居包围起来，结果没搜到。等到国民党兵走后，林志东同志从泥土房夹层中走了出来。他在这座旧居里经过十多天的休养，病情好转了才回去。

朱老师停顿了一会儿，思考了一下，说起了发生在朱川村的另外一个故事。村里的上岱奇峰山，曾是当年中共地下党组织的长期聚集地。主要负责人是林岸村的林志东、平阳县的老杨。他们当时的任务是做好周边地下党的工作，发展党员，联系民众，为浙南的全面解放做准备。到了新中国成立前夕，加入中国共产党的有朱期作、朱期望、朱惠章、刘开干、朱强等人。20 世纪 70 年代初，村里大小会议较多，上岱自然村村民经常要到中心村朱坑头开会，有时是在夜里，小路很不好走，大家便去泰顺县找林志东同志商量，批来了 500 元人民币，拿回来修路。当时每天工资是 2 元人民币，为了节省费用，修路村民都自己带饭。修完山路还结余 20 元钱，经大家商量买了一把大酒壶，从此该自然村红白喜事就有了大型的煮酒工具，现今这大酒壶还留存在农户家中。原祠堂前还留有两句诗："双狮挂云头，红星留金墩。"这里的红星就是红色故事。光阴飞逝，古宅几度易人，但美好的故事依然在朱川村传唱着。

沿着河旁的村道，我们继续往前走，对岸的古民居很是醒目，这是一座十开间的木质建筑，构造独特，气势恢宏，别具一格。朱老师告诉我，传说这个宅子曾出过一个武状元，为示庆祝，这个宅子的主人请全村的人吃了三天三夜的酒席，清洗下的锅碗油污在村内的河道上可以"冻"成一层猪油。看来这户人家家底丰厚，亦很是慷慨。

朱川村的祖先非常重视教育。在乾隆二十八年（1763）腊月，族人中朱兆熊、朱兆明、朱兆球兄弟等人牵头，由众房族人出资出力，创建了朱氏宗祠。在清朝时宗祠被用作私塾学堂，后来宗祠就成为族中子孙读书之场所，为族中后人培育出众多文武贡生乃至翰林学士等起到了重要作用。民国二年（1913），族人为育翰苑良才，设立课堂，命名为群一小学。1929年，宗祠被白蚁侵蚀，族人推选朱华牵头，各房合力按原样重修。

眼前是傲立村口的古树和年代久远的民居，脚下是蜿蜒迂回的乡村小道，在这里，再浮躁的心也会慢慢沉淀，好似眼前的一切都是前世遥远的记忆，又在恰到好处的时光中再次相遇。

老街记忆

　　清晨，走在珊溪老街上，迎面而来的是一种古朴的韵味。老街上仍零散地开着几家铺子，有裁衣服的、卖寿衣的、卖豆腐的，可街上出入的人已不多。红色的门柱和深色的柳杉木门早已在百年时光的清洗中褪去了颜色。有些木质房屋在经历时光蹉跎后，已是颓败不堪；有些人家在老宅上又盖起了新屋，这些民居仿佛在诉说着新旧更替的故事；有些住户依然住在上百年的老宅里不舍离去，偶尔遇见几位老人坐在自家门前的石条凳上话着家长里短。

远去的繁华时光

　　90 岁的罗文值老人和我伫立在街的一头，仿佛能看到街上曾经的繁华景象，循着对古街的记忆，老人家娓娓道来。珊溪街曾经店铺林立，熙熙攘攘，泰顺、寿宁等地的人都来这里进货，买生活所需用品，到过节的时候，街上更是人山人海。

　　珊溪街原有的街道较窄，宽两米左右，街面是由溪石铺砌而成的，

珊溪街

由于走的人多，溪石被踩得异常光滑。"街头上段的两排宅子，在1965年的一场大火中烧毁了，后来重建了，你看到的是后来重建的房屋，前面的那些房子都是以前的老房子，有上百年的历史了。"话匣子一打开，罗文值老人仿佛回到了当时那热闹的街头。现珊溪街289号、285号、283号房屋所在的地方原先是一间染坊，边上石条垒砌的房屋是后来盖的，原本石屋处是一块空地，曾是染坊的晒布场。那时候晒场上立了很多高高的晒布竿子，成排成排的染布随风飘扬，形成街头一道美丽的风景线。现珊溪街382号、330号、326号所处的位置，原本开着三四家石灰店，店里的石灰一箩一箩装着，每箩有50斤左右，泰顺方向的人常过来采买，都是买去盖房子、建坟用的，进

珊溪街老屋

出这家店的人络绎不绝。珊溪街 324 号、322 号、320 号这几间房子，原本是罗文值老人的爷爷家开的大药房，因为药品种多，品质好，来这里进货买药的人也非常多。珊溪街 362 号房子所处的位置原本开着两三间弹棉花的店铺，每天可以听到"嘭嘭"的弹棉声，附近人家要是有女儿要出嫁，都会来这里提前和匠人说一声，弹好的棉被会用红纱做点缀，还会用红纱铺成"囍"字或"早生贵子"等字样，寄托着对新人美好的祝福。珊溪街 303 号旁边原是药店和布店，可惜老宅在 1945 年被一场大火烧毁了，如今只剩下断壁残垣。在珊溪街 323 号住宅附近，原先开着四五间打铁店，打铁店旁是杀猪店，杀猪店可热闹了，

珊溪街老屋

一天要杀掉四五头猪。吆喝声、打铁声，群众的砍价声、闲聊声，可谓是声声入耳。西山岭脚这里原先有个修理店，就是修理煤油灯、农具之类东西的地方……在老人的叙说下，老街旧时的画面慢慢地浮现在我眼前，走在老街上，恍如走进了时光隧道：药店、布店、打铁铺……店铺鳞次栉比。天不亮，店家就忙开了，不一会儿，吆喝声、招揽声此起彼伏，街上人头攒动、热闹非凡。

每到中午，船上的船工、商人和游客纷纷离船上岸，涌进老街店铺吃饭、住宿、进货。据当地乡土志载：珊溪地处江畔，水路交通便利，人烟稠密，商业繁荣。住户以张姓最早，以后迁入毛、刘、王、虞等姓。

珊溪街上曾有三家大店铺，分别为罗茂盛、夏裕春、刘振丰所开，每天人流量很大。罗茂盛是罗文值老人的太公，原名叫罗德温，因为他的店号叫"罗茂盛"，所以这里的人们也都这么叫他。罗茂盛生有六子，所以要置办六间房子，而罗文值老人的爷爷在众兄弟中排行老大。为了盖好这六间房子，罗茂盛本人就到温州去学习用砖岩盖房子的方法——砖岩房也就是那时人们嘴里常说的洋房——因此罗茂盛成了当时珊溪第一个用此类方法建造洋房的人。据老人回忆，房子的墙是用三层材料制成的，第一层是砖，第二层是石子，第三层是水泥，工程之坚固足以抵御枪械的攻击。当时，六间房屋全部用于开店，除了棺材，店内什么东西都有得卖，可以说是琳琅满目，样样齐全。那时候，大户人家才用得起的汽灯（一种里面燃烧煤油，外面用玻璃罩着，底下用盘子托着的照明设备），罗茂盛家里就点了10盏。生意的繁忙让这户人家起早贪黑，朝五晚十。那时，在店内帮忙的家人和员工加起来就有30多人，每餐吃饭需坐六桌。家业的庞大，真让人惊叹持家者的精明能干。据说太公去世得早，家业全由太婆操持着。新中国成立后，这些房屋被用作珊溪镇政府的办公用房。现洋房已不在，代替原有建筑的是四间水泥房子。

另一位商业能人叫夏裕春，经营项目以生活用品、建筑材料、水产、土特产为主，在老街中段盖有三层楼房，新中国成立后被珊溪镇供销社所用（现港航行政一排房屋所在位置）。

除上述两位，珊溪还有一位经商能人叫刘振丰，是新闻泰斗赵超构的岳父。刘振丰店里的经营项目与罗茂盛店里差不多，据《文成乡

珊溪街老屋

镇志》载："刘振丰除在珊溪有 10 多家连锁店外，还发展到东湾坑、百丈口等地。"刘振丰生意做到东龙，盖有三层店房，新中国成立后被东龙乡政府所用，他还曾出资造路到平溪坳，在街尾村建有木架构四合院，现被珊溪镇政府所用。阿公感叹道："你想想一户人家的宅子可以用作政府的办公场所，这个宅子得有多大，这个家族生意做得得有多大。"现如今，百年老店只有老街附近西山岭脚的打铁铺还在营业，原先西山岭脚这条路也是行人络绎不绝的。如今，这条经历过百年风雨的老街，已显得静寂而空旷。

西山岭脚

王家五梅花

关于五点梅花，我辗转找了四位老人，从他们零星的描述中，才拼凑出它的所在地。原来它就地处街头村的垟心，真的有"众里寻他千百度"的感觉，只可惜"那人却"不"在灯火阑珊处"。现如今五点梅花只剩下三米多高的围墙，层层叠叠、起起伏伏地围绕着它曾经的辉煌，似乎清晰地听到了它重重的残喘声。

这里的墙是用石子加上泥土砌成的，墙体大部分已经损毁，高低不平，像是被人为破坏了。有好些地方堆起了牛栏用于饲养牲口。这堵墙被延长得很远很远，循着墙垣，我似乎走进了一座宫殿，走进了一个寻常人家支起的城堡，可它又是这么不寻常，因为它大得差不多占到了街头村的三分之一。我低头看见一条长长的门槛还遗留在地面上，这褴褛的门槛似乎正悄悄地被周围高过它的水泥地淹没，就像这五点梅花一样，替代它的是一座座钢筋水泥制成的冰冷四方块。旁边的捣年糕石器似乎在深深地叹息，现如今石器里盛着的不是繁华，而是尘土，没有人去理会它积聚的厚厚尘土，任杂草弥漫，任风雨荡涤。

王家的后代告诉我，这是侧门，说是要引领着我去看正门。正门有三重门，可是已经不在了。正房里有用小石子铺成的庭院，石子有规则地静静地躺在那，这是唯一留下的还算完整的遗迹。再抬头望望屋檐，虽是稀疏的几块，但透过细致的镂刻，仍能感觉到这里曾经的兴旺繁华。听王家后代说，五点梅花代表着五排房屋，中间正房基本是靠一人半手臂才可以环抱住的石柱支撑着，其他四排房屋都围绕着这个正房的四个角规划建设，形状似梅花，所以叫五点梅花。五点梅花门前有一块地原本种植着花花草草，其间还挖了一个水渠养着鲤鱼，王家的小姐们就养在这深闺里。相传在王家有这么一首歌谣："坟葬潘吞龙凤上山，田买三千三，三千三卖了剩一石。"另一个说法是"坟葬龙凤山，田买三千三"（罗阿公解释，以前买田以石计算，一亩是三石，一石是500棵番薯，一亩1500棵番薯，三千三相当于一千一百亩），只是不理解这首歌谣说的是不是当时王氏家族的起落。

五点梅花的房子当时是官厅式的，门前还放有旗杆夹，只不过旗杆夹现在不知被搬至了何处。五点梅花的厕所都是在房屋外面的，据说该户人家牵牛、上茅房都不用打伞，可见其房檐的覆盖何其宽广。后来由于子嗣妯娌间钩心斗角，王家后代做戏的做戏，做生意的做生意，日渐萧条，家业也就这么破败了。老人们说王家曾有一个天妃祠堂，就是现在的珊溪镇小学所在地。天妃祠堂来源于一个故事——一个关于他们祖先的故事，说是他们祖先在外经商，乘船顺着溪流而下，忽而被大江突然涌起的浪打翻，幸而有一神鱼相救。后来祖先就兴建天妃祠堂以纪念神鱼相救，这祠堂也有两百多年的历史了，只可惜因1990 年发大水被冲走了，后来原址改建了学校，据说原先祠堂内有一石碑，被水泥工当作石料搬至西山去了，如今具体也不知在哪。

曾经的繁华已经褪去，老街历经沧桑，承载着太多时光记忆，对驻足街头的老人们而言，那段惊艳热闹的繁华时光仿佛还在昨日。

泥与火的淬炼

　　稠泛村，今是巨屿镇政府驻地，人口集聚，商业繁华，旧时陆路不通时这里也是交通要道。旧道，东行经垟地边至渡头；南上穹岭头出平阳；西行经井头至珊溪；北行渡江至方前。其因飞云江水至巨屿尖受阻倒流，形成一个大回环，方言称之为水泛。发大水时，由于水流回旋，带有大量泥沙，水色浓浊。泥沙经过长期沉积，逐渐形成一块陆地，称为稠泛，意为水色浓浊的水泛。稠泛原叫"洲泛"。相传古时江水自横岩直冲稠泛村，水至巨屿倒流而上，在村前深潭形成旋涡，叫"洲泛"。宋乾道元年发大水，江流改道，方前村前大沙洲变成深潭，而稠泛村前深潭淤积为大沙洲。此处最早住民是元时定居稠泛的吴氏，在咏诗中却可见稠泛早已有人居住。当时除对岸方、夏二姓外，其余姓氏都比吴氏晚。相比于稠泛村，当地人更爱叫它"五十四"，因村域在明清时属瑞安义翔乡五十四都而得名。

　　此地临江靠山，土壤肥沃，富有田园风光，宜业宜居。吴氏宗谱《稠泛风致》诗云："桑麻隐里讶瀛洲，带水屏山景色幽，两岸垂杨拖地轴，南园修竹倚庄楼。双清风月来溪面，五色云霞布岭头，柳巷鸡鸣报客晓，数声渡浆逐沙鸥。"张姓迁自明初，林、陈二姓更晚，约在明万历时才迁至此处。林咏《稠泛》诗云："游罢东河复西川，稠泛书城逢客船。花作岭平云罩树，芳婵渡阔水连天。但期长枕杨堤柳，亦谐聊吟夏阁篇，只爱故乡山水好，举杯邀酌寮前娟。"（《文成乡土志》）

稠泛村曾有一条缸窑，其窑体顺山势地形而上，两侧和上方有数百个投柴孔，并设有三个窑门，宛如龙卧，人又称其为"龙窑"。龙窑是我国窑炉的一种，多建筑在江南地区坡地上。最早的龙窑发现于浙江上虞，为商代窑址。窑室分窑头、窑床、窑尾三部分。多依山坡或土堆倾斜建造成长隧道形窑炉，约与地平线构成10°—20°角。窑头角度较大，约20°，中部约15°，后部约11°。窑长40多米，宽约1.5—2.5米，高约1.6—2米。窑头容积最小，便于热量集中，利于燃烧，窑身容积最大。

稠泛缸窑前身叫孔龙公社一二大队缸厂，创办于1962年1月，鼎盛时期工人有80余人，年烧缸达数万只，缸制品有酒埕、氨水埕、酒缸、水缸、米缸等，产品销往全国各地，其中氨水埕、硫酸埕等产品出口到日本等国。制缸厂是全县数一数二的村办集体企业。缸窑见证了稠泛村制缸业的兴盛。林加留师傅今年75岁，是1962年参加制缸的，是制缸厂的第一批师傅。说起缸厂的故事，老人感慨颇多。"那时候，缸厂很大，制作出来的缸又多又好看，我们经常要加班，外面来参观的人也是一拨又一拨……"一二大队缸厂原有制缸师傅30余人，加上担柴的、挖缸泥的等一些做粗工的师傅，差不多有 80 多人。工人每天早上五六点上班，一直干到十一点半，吃完午饭，大家又马不停蹄地回到厂里接着干活。厂里制作的缸有水缸、米缸、酒埕（酿酒器具）等大大小小、器型各异的陶罐。大的缸如橄榄缸（两头尖，肚子大的缸），有两米多高；小的缸如茶缸，有些只有碗那么大。因为工资是按照分红计算的，所以师傅们干活都很卖力。分红就是按照缸制品的出厂价的百分之三计算，如一口缸是五元，按照百分之三的分红，那么就是有一角五分的钱是师傅的工资，所以大伙儿干活都不觉得累。由于有手艺在身，制缸师傅是相亲对象中的"抢手货"，村里

酒缸成品展示

的姑娘都很喜欢嫁给制缸师傅，有些夫妻之间的年龄甚至相差十多岁。和师傅聊到这的时候，站在老人身边的阿姨也乐了。林师傅和妻子养育了五个孩子，妻子在家做饭、带孩子，林师傅自己则卖力地在厂里干活。稠泛村曾有一个埠头，可通行船筏，缸就是通过人挑的方式运至埠头的，再由埠头的船筏运往瑞安或泰顺等地。

　　对于制缸的热闹场面，79 岁的林绍排师傅记忆犹新。林师傅是 1969 年进的制缸厂。稠泛的制缸技术最初是由平阳师傅过来指导的，这个师傅原本是唱戏的，后来唱戏这一行当不景气，转行学起了制缸手艺。稠泛的制缸厂面积有 2000 多平方米，制缸用的缸泥来源于当地的稻田泥。稻田上面一层的"面泥"是不能用的，需用铲子挖去表泥，直至挖到两米深，这个深度的泥具有韧性，就是老人口中所说的"粘"。这些泥含有丰富的铁成分，是制缸的最佳材料，又称"缸泥"。每一次挖泥都是雇用村里的粗工，挖出泥后将泥铲到泥基里，一次差不多挑一百多斤，一路上只听到两个泥基压着扁担的"咿呀咿呀"声。缸泥运到厂里后，师傅就开始踩泥，大家都站在上面使劲地踩，直至泥巴柔韧为止，一个早上下来，累积的缸泥可以堆起半个房子那么高。下一步就是拉缸坯，类似揉面团，将泥巴拉成 3 厘米厚的泥条，这个过程叫"打薄"（方言音）。做小壶、茶壶、油缸就会将泥放在一个"薄边"（方言音，类似于一个陶轮）上，脚只要轻轻一踢，"薄边"就会转个好几圈，通过双手整形修口使陶罐的壁随着转盘的旋转变得厚度均匀。做大缸的程序会比较烦琐，没有使用到"薄边"这个工具，需要人工将泥条扛在肩上，一边捏（使新泥与原有的缸坯能粘牢），

酒缸

一边身子围着缸坯转，时不时还要拿着木槌敲，使上下泥土的连接处看不出一丝缝隙，也使缸壁做到厚薄均匀，厚度差不多一厘米。每捏好一层泥条，就会在上面再加上一层泥条，直至盘到所需的高度为止。师傅也有自己的盘泥窍门，要制一个缸，早上先盘至一半，拿到太阳底下晒，下午再盘另外一半，整个缸制品就是用这样的泥条一层一层堆砌而成的，缸的雏形也开始慢慢显现出来，缸口要比缸壁厚，后期通过细致修整，将口形整理圆润。做好的缸需拿到太阳底下晒，然后放到一个"涂泥"（方言音，给缸上釉）坑里转一圈，这样烧出来的缸才能油光发亮。

上釉、晾缸后，进入装窑程序。通过人力方式将缸一个个搬到窑内。窑内的炉也有大小之分，有三炉的，有两炉的，有单炉的，有炉半（方言）的。三炉的烧大缸，炉半的烧最小的缸。烧的时候缸套缸，大缸里套个小缸，缸口再盖个似盘子的陶制器皿，比如大水缸内再放个小点的酒缸，水缸顶部又盖个酱缸扁（方言音，就是放豆酱的缸），然后将缸一层一层叠上去，最高叠至三层，缸和缸之间用泥钉隔开，以免粘连。松枝是缸窑的主要燃料。烧制这个程序对松枝的需求量很大。碗口大的烧火洞要不停地放松枝，稠泛村的松枝大都从泰顺通过船筏运至毛岭头（即水边的埠头），之后由粗工将松枝扎成一捆一捆，利用"穿担"（竹制扁担）挑到缸窑附近，一担有100多斤。在窑室内码装好坯体后，将所有窑门封闭，先烧窑头，由前向后依次投柴，逐排烧制，需要三天三夜才能烧成一窑。烧窑期间还需要仔细观察，这是最考验师傅技艺的程序。师傅们需凭借经验通过烧火洞察看火焰温度和缸的烧制程度，如果缸出油了，说明已"烧老"，已烧好的烧火洞用泥垛封好，这个操作要持续到一条窑烧好为止。通过一天的冷却，缸就可以出窑了。虽然过了一天两夜，但缸窑内温度仍然很高，有四十多摄氏度，师傅们会戴上纱手套用于隔热。进窑后先是用小铲子铲去泥钉，再将缸一个个搬到窑外。

出窑后的缸品质也不同。经过厂长的检验，缸分为甲、乙、丙、丁四个类型，甲类的缸是质量最好的，价格也最贵。讲到缸厂的辉煌，林师傅满脸是笑容。由于缸厂效益好，生产队还买了一辆小货车，以前是只有国企才有车子的，老人家还清晰记得那辆车子的牌子叫"小卡师"（方言音）。有了小货车，运缸的压力也减轻了不少。

缸厂一个月最多可以烧 4 到 5 条窑，烧窑的时候，三十多个师傅分成四组。缸厂里的师傅大都是二三十岁的年龄，个个精力旺盛，就像烧窑时的熊熊烈火，师傅对制缸乐此不疲。

后来，松枝价格上涨了，由原先每 100 斤 3 元多涨到 4 元多，当时公职人员一个月的工资才三四十元。原料价格的上涨，加上缸实用性的降低，传统制缸工艺逐渐退出历史舞台，稠泛制缸厂也于 20 世纪 90 年代初正式停产。

这就是一口缸一个村。虽然老师傅们已经很多年不曾制缸了，但是制缸技艺已深深地刻在了他们的记忆里，他们说：那就是火与泥的淬炼。

历史长河的画卷

南田的四月还有些冷，住在这里的人们仍离不开温暖的棉服。采风的这天，天气颇为给力，太阳把山里的一切都照得亮亮的，因为地处高山，所以这里的春来得特别慢，杜鹃花依然在树丛中探着脑袋，红红的脸蛋儿正接受着这天地的滋养；绣球花在庭院里一簇簇地盛开着，白白的花瓣儿如颗颗雪米般干净清澈；伯温公园的古松似乎并不服老，正用它们那苍翠的针叶娓娓诉说着自己的故事。南田的四月大有"人间四月芳菲尽，山寺桃花始盛开"之势。

南田历史悠久。据史料记载，春秋时期属于瓯越地，两汉时属会稽郡，两晋、南北朝时属永嘉郡，隋朝改永嘉郡为括州，唐朝改为处州，明朝为浙江承宣布政使司处州府，南田属处州府。明洪武年间（1368—1398）定青田为3乡18里23都252图。南田属青田县柔远乡九都，故又称九都。

联簪坊

关于联簪坊的故事我是在来南田工作半年后听刘日泽老师讲的。联簪坊位于九都村牌坊坦，现伯温中路和牌坊路的交叉路口，从最新的牌坊石材看，年代并不久远，这是 2001 年刘氏后裔和乡里有识之士捐资重建的。老牌坊建于明正统四年（1439）十月，由处州知府溧阴武全，青田县知县林川、张乐等奉旨，为明朝开国太师刘基、刘基的儿子谷王府左长史刘璟，以及刘基的孙子行在刑部照磨刘貎祖孙三代，一门三杰连续在朝为官而立。联簪坊原为木质结构，有八柱、三十六斗、七十二星。该坊于 20 世纪六七十年代被毁坏，但刻有"联簪"二字的匾额被木匠师傅保存了下来。

匾额

据说牌坊坦这个地方是当时最繁华的地段。《文成县志（1991—2011）》记载："牌坊东通前塘、后塘，南通外宅、张坳，西通刘基庙、盘谷，北通妙果寺、辞岭亭。明朝以前南田只在大水桥龙吞水口那里有一家小店，入明建了联簪坊以后，牌坊坦周边才有碗、灯草等小店。当时购物主要来自肩挑小贩，称之为担绡客。"

另外，要是官员骑马从联簪坊下经过，都要下马，以示对刘氏三朝为官的尊敬。

联簪坊旁立有三块石碑，靠路边的为联簪坊碑志，另外两块石碑，因为被风雨侵蚀得厉害，碑上很多字迹不能辨清，中间的那块碑志上刻有"康熙贰拾壹年岁次壬戌拾月上浣穀旦立"，最里侧的碑相对小一点，刻有"乾隆拾壹年□□"字迹。关于中间的石碑还流传着一个故事。

康熙年间，南田发生了一次大旱，农田颗粒无收。地方官员不但不体恤百姓、向上反映灾情，反而变本加厉地要百姓交官粮。龙上有一个叫董可观的村民忍无可忍，带领 17 人向县衙告官，谁知官差以 18 人聚众闹事为由各打二十大板，并将为首的董可观上"踏钉板"重刑。被施刑后的董可观如筛糠一样处处滴血，夫人心疼他，将血衣包好存入木箱内。由于董可观不言放弃，经过 80 多天沿路行乞，终于走到了京城，并在衙门外一连跪了 6 天，感动了皇上，皇上下旨拯救了灾区百姓。关于董可观的故事，人们在距今 200 多年的珍贵文物《控除买他谷碑》上可以找到。

辞岭亭

从联簪坊石碑方向左拐，沿着古街区，经南田小学往上走，顺着石阶步行两百米，在山口处就可以看到一亭，名为"辞岭亭"，它位

辞岭亭

于华盖山和天耳山之间。关于此亭的由来还有一个故事。

元至正十年（1350），刘基二夫人陈氏于杭州生次子刘璟，当时的刘基任元朝江浙行省儒学副提举。据说刘璟出生的时候，月蚀复光，刘基感叹："天坠乃绪，而卒能干之者也。"当时的刘基仕途不顺，孩子的出生虽然让生活更为艰辛，但是无疑给刘基前进的路上增添了动力。刘璟没有让父亲失望，20 岁时，就通晓群书。刘基被胡惟庸陷害后，朱元璋想念刘基，就每年召刘璟同章溢子允载、叶琛子永道、胡深子伯机，入宫相见，像对待家人一样和他们拉家常。明洪武二十三年（1390）朱元璋命刘璟袭父爵，刘璟婉言拒绝，把袭爵的荣誉辞让给了长兄刘琏的儿子刘廌。明太祖朱元璋大喜，于是命刘廌袭封，并任命刘璟为阁门使。朱元璋对刘璟说：这阁门使不只是一个搞礼仪的虚职，还起到宣达皇帝太子命令的作用，这就意味着你要履行一项使命，那就是为朝廷整纲肃纪。刘璟不负帝望，朱元璋上朝时，文武百官举止有不合礼仪者，刘璟都及时纠正。如有都御史袁泰奏车牛事失实，朱元璋嘉奖了他，可袁泰忘记言谢，刘璟就当面指出其行为不合规范，袁泰立马服罪。就在朱元璋的一个儿子被封为谷王后，刘璟被提拔为左长史。

刘璟具备父亲的军事谋略。洪武二十年（1387），温州贼叶丁香叛逆，刘璟为延安侯唐胜宗平定叛乱出谋划策，擒拿了叶丁香。朱元璋大喜："璟真伯温儿矣！"同时，刘璟的忠厚性格像极了他父亲。《明史》载：刘璟与朱棣下棋，朱棣觉得刘璟身为臣子都不让自己，于是说："卿不少让耶？"刘璟正色曰："可让处则让，不可让者不敢让也。"成祖默然。

靖难兵起，刘璟跟随谷王朱橞回京师。刘璟献计十六策，可是谷王不听，固执地命令刘璟一起参与李景隆的军事行动。刘璟无奈只好跟随，最后李景隆打了败仗，这是刘璟预料到的，兵败后刘璟只好一个人夜渡卢沟河回家。当时天气极为寒冷，河流结冰，由于冰面承受不住马的重量，行走于冰面的马随即陷进了开裂的冰河里。没了马，刘璟只能徒步冒雪行走了三十里。刘璟的儿子刘貊听说父亲在途中遭难，于是按照乡人描述的方向去寻找父亲。由于长时间在冰天雪地里行走，刘璟的双脚已经被冻得无法继续前行，刘貊就为父亲找来一辆板车，用马拉着板车将父亲接回了家。

成祖即位后，惜刘璟才能，下旨召见刘璟入朝。刘璟称自己有病

辞岭亭

在身不能入朝，于是成祖派人将刘璟逮入京。刘璟看见成祖，不跪，也不称"陛下"，而是称"殿下"，对此成祖心中不悦，可刘璟仍直言不讳，说："殿下百世后，逃不得一'篡'字。"成祖很是愤怒，将刘璟打入天牢。刘璟为了保全自己刚毅忠诚的气节，当晚，以自己的辫发勒住喉部，自尽于狱中，年仅53岁。

相传，刘璟被成祖逮入京前，九都村的乡亲们想到刘璟此去必定九死一生，特意前来送别。那天刚好是端午节的前一天，乡亲们怕刘璟路上饥饿，纷纷送粽子给他备着。后来，人们为了纪念刘璟，就把为他送行的地方叫"辞岭"。1922年，刘基二十裔孙刘耀东为纪念刘璟在此辞别家族，建"辞岭亭"。同时南田的刘璟后裔为纪念刘璟，将端午节提前到五月初四，即送别刘璟的这一天。

现刘璟公墓坐落在南田镇高村垟头大路后面的大田后坎，两列土石就是他的安眠之处。"两袖清风过一生"是他人生最好的写照。青田人端木百禄诗云："燕子飞来已各天，忠臣此去泪如泉；忧时何暇伤离别，回首青山总惘然，"

刘璟撰有《易斋集》一卷，收录于《四库全书总目》。刘璟诗中描绘的八景，即鸡山晓色、双涧秋潭、三峦夜月、松矶钓石、龟峰春意、北坞松涛、西岗稼浪、竹径书斋，现在还可以在九都盘谷找到些许踪迹。

白城

刘日泽老师指着一个十米左右长、一米多高，两侧用石头夯成的泥土堆跟我们讲：这是南田的白城。名字的"丰满"和现实的"骨感"，让我很讶异。相传此城是白玉蟾所建。

先前就听刘氏后裔刘育诚老师讲过白玉蟾，说其是一位颇有名望的道士。据刘育诚老师介绍，白玉蟾原是杭州一名官员，因关押一名京城来的官，惹上了麻烦，于是就弃官而去，一路在福建武夷山等地游山玩水。白玉蟾早就听闻南田是天下第六福地，他就想在此地建一座道观，于是先筑一座白城。

关于白城，刘耀东所著的《南田山志》也有记载：在亢五峰下，华盖山南麓，北面依山，环其三方。高丈余，东西各为角门。世称"白

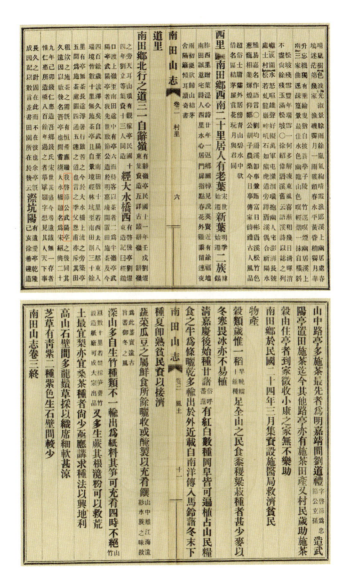

《南田山志》

城"，为南宋道士白玉蟾所建。

在华盖山处还有一对玉蟾，前后呼应，活灵活现。相传白玉蟾见了玉蟾甚是欢喜，觉得与此地非常投缘，便隐居南田华盖山南麓（今华阳）。至今南田还有一亭，名为"玉蟾亭"。相传玉蟾是因受此处夫妻树的事迹所感动，从天而降，不忍离去，守候至今。

南田的历史并不是几个景点就可以代表的，历史的风尘似乎有意无意地将其埋在了泥土深处，也许是为了保护，也许是为了遗忘。而我们只能凭着剩下的些许遗迹，乘着前人记忆的涟漪，重拾那段历史。

一壶老酒醉时光

夏日的微雨打在车窗上，公交车到了溪口便向左拐入一条小路，继续沿着溪边蜿蜒的道路前行。不一会儿，披着蒙蒙细雨的村庄裹挟着满山的苍翠映入眼帘，公交车上的语音系统提示双桂乡已经到了。这里的村落，青山与古刹相依，民房与小溪相偎，在这细雨蒙蒙的天气里，薄雾如一袭轻纱，将村子、石桥、远山包围起来，整个村庄似乎还在半醒半醉的梦里。一条小溪淙淙作响，贯穿整个村子，溪上氤氲着一层淡淡的水雾。这条小溪叫桂溪，是双桂乡的母亲河，发源于摇岭，汇合桂溪两岸涧水，自东向西至溪口流入飞云江。古时小溪两岸野生桂花树成片，中秋时节香飘十里，故名桂溪。双桂乡历史悠久，风景秀丽，桂溪两岸高山延绵，中间为峡谷梯地。辖地自隋至清先后属永嘉县、安固县、瑞安县嘉屿乡五十三都。

沿着古朴幽静的村庄道路，双桂乡贤叶信群老师带着我们来到山下老城区。只见一段残旧的城墙屹立于道路左侧，城墙前后由条石砌成，墙上有一个门洞，墙基宽一米有余。叶老师告诉我们，这面墙是

桂阳民居

民居的莲花柱

村里的第一座城墙，住的第一户人家是从公阳山上搬到山下的叶氏，所以这个自然村又叫山下村。据《文成乡土志》的相关记载，结合叶老师所讲述：叶氏始祖贤二（即元高），是公阳叶氏 17 世孙，于明洪武时由公阳分居山下村，自始祖至"德"字行已 22 代。从记载可以推算出城墙的大致历史。

村内现存一座两层木质结构古宅，院落坐北朝南，以正间为中轴线，左右设厢房，二楼设美人靠，建筑内门楣雕刻工艺精湛，富有年代感的垂莲柱让人眼前一亮。走至后院，发现很多垂莲柱已面目全非。因为垂莲柱造型独特，所以经常会引得小偷光顾。古宅侧面有一条鹅卵石铺设的古道，疮痍的墙角爬满青苔。幽静的古道、斑驳的窗棂、空荡的院落，一段时光在这里沉淀。

经过岁月的洗礼，一墙一屋日渐斑驳，而酒经过时光的沉淀越发醇香。

在双桂有一种带着诱惑性的酒，色泽红棕透亮，抿上一口有点呛，但回口之后却是甘甜。就因为这一口甘甜，会让你忍不住咪上一口又是一口，半晌过后，不知不觉中，你已经晕头转向了。当地人叫这种酒为"红蜜烧"。此酒主要特征是味醇香甜，红曲在缸内时间越长就越甜，度数就越高，保存五载十年也不变质，红润美观，可比杨梅酒，故人们又称其为"红梅烧"。它以上乘白酒、红曲、糯米为主要原料，采用白酒发酵。"红蜜烧"酒精度低，后劲很大，可使贪杯者醉而不知，飘飘欲仙。

酿制"红蜜烧"的技艺何时流传至此，已经难以考证了。人们只知在新中国成立前，经济条件一般的家庭是没能力酿制"红蜜烧"的，因为所需的本钱多，特别是在那个物资匮乏的年代。"红蜜烧"据传发源于西坑镇敖里一个大财主家。晚清、民国初期财主家中粮食充足，红酒喝不过瘾，便用白酒当水制酿，后来"红蜜烧"的做法被四处传开，一些富人家庭效仿着自制自饮。现如今，大家的生活条件好了，酿制"红蜜烧"的技艺遍布文成各地，峃口、双桂、周山、南田、珊溪等地均有家庭作坊酿制出售。

叶茂实师傅是温州市"红蜜烧"酿造技艺的非遗传承人，他家在双桂一座较偏远的山上。说起找寻叶师傅的住处，还多亏了酒香，可以说我是一路闻着酒香才找到他家的。通往叶师傅家有一条石铺小道。

酿制红蜜烧

当时，一个阿公正挑着一担酒瓶子往山下赶，而我往上走，我边走边寻思着这担酒瓶子得多重啊，把阿公的扁担都压弯了。后来，我才知道那个挑担的阿公就是叶师傅。叶师傅已经 80 岁了，单从外貌可丝毫看不出他的年纪，老人家步履稳健，行走如风，精神十足，听力、视力也特别好。

　　刚到叶师傅家，我就被老屋檐下整整齐齐堆放的柴火所吸引。老屋有些破旧，五六间相连，上下两层，每一间老屋的屋檐下都堆放着柴火。以前叶师傅的兄弟们都住在这里，后来为了生计到外地发展去了，现在老屋只剩下他和老伴两个人了。

酿制红蜜烧

　　这天，由于要酿制"红蜜烧"，叶师傅还特意请了一个南田师傅来帮忙，师傅估摸着五六十岁的年纪。他把蒸好的糯米饭倒在一张干净塑料纸上，旁边立着一个大电扇，正对着糯米饭吹。此刻，南田师傅用木耙子将小山状的糯米饭摊平，让其降温。趁这个间隙，他会坐在边上休息个五六分钟，一边招呼着我吃糯米饭，一边将粘在木耙子上的糯米饭挖下。片刻，糯米饭被吹掉了热气，用手试探温度，略烫即可，接着，他便起身用簸箕（平时农户用于收稻谷的竹编制品）将糯米饭收起，然后一簸箕一簸箕地慢慢地倒入缸中，再用锅铲搅拌均匀，缸口用干净纱布铺盖，以防杂物或飞虫类掉入。而叶师傅在一旁忙着用接好的山泉水给待入锅的糯米进行清洗。对叶师傅而言，这个山泉水可是制作"红蜜烧"的宝贝。每次洗糯米,叶师傅都要见到倾倒出来的水为清水,才将糯米倒进饭甑里。叶师傅说,为了制作"红蜜烧",前一天他就将糯米加水泡了一夜。制作"红蜜烧",需先将红曲洗净晾干至其表面无水滴,再将上乘白酒和红曲放入缸内,接着倒入优质糯米,浸泡10至12小时。洗净糯米后,叶师傅没有停歇,除了劈柴,还时不时到酒窖里去查看米曲的发酵情况,有时还能听到酒缸里发出"卟卟"的微响声。循着声响,我低头一看,酒缸里的米曲正闪着光亮的鲜红。叶师傅指着酒缸告诉我,约过一天或一夜,缸内开始发酵,米曲逐渐升高上浮,此时要经常观察,不能让缸内酒水外泄,稍有满泄,就要将米曲轻轻搅拌下压。三天后,米曲自然慢慢沉浮。半个月后,米曲即酵烂成糟,沉落缸底。再隔一星期就可以出成品了。待两三个月开缸后,那就是"红蜜烧"了。"红蜜烧"是越陈越有味,这间酒窖里的酒年份不是很长,大多是五六年的或者是刚做好的酒,好酒都放在后间和楼上,年份差不多在十年、二十年或者更久。

　　说着,叶师傅带着我来到后间。这间酒窖里的酒缸比前间的较旧也较大,酒缸口上封着陈旧的报纸或塑料纸,上面布满了厚厚的灰尘。为了让我尝尝味道,叶师傅解开了第一层用于封口的塑料纸,不一会儿,一阵浓郁的香气扑鼻而来。我满心期待,看着师傅打开第二层封口,接着是第三层,师傅差不多给酒缸盖了四层封口,由于长久没有打开酒缸,封口的塑料纸差不多和酒缸粘在了一起。当最后一层封口打开时,霎时,浓烈又香醇的酒香涌进鼻孔,喉咙间感觉有甜丝丝的味道,真想抿一口啊!叶师傅从橱柜里拿来一个碗,舀了一些给我。

我一细看，这酒色是乌红的，又那般纯净，抿一口，有些呛。叶师傅一见我这模样，就知道我不会喝酒。才抿那么一小口，我就感觉喉咙有灼热感，液体流过食道，胸口火辣辣的，稍过一会儿，嘴里略有淡淡的甘甜回味。叶师傅笑着说，喝酒的人好的就是这一口甘甜。虽不常饮，但我早耳闻"红蜜烧"的厉害，所以只能放下碗，不敢再尝，况且这可是二十多年的陈酿，估计再抿一口，我就不认得回去的路了。

叶师傅说，去年，他这里来了一个宁波商人，是循着报纸上的地址找来的，一尝他的"红蜜烧"，就立马要定做 1000 斤——酒好不好，会喝酒的人一品就知道了。他说自己做"红蜜烧"的技艺是跟阿太学的。这个阿太曾在平阳一个厂里当师傅，他记得自己那一年是 30 岁，要去乡里公社制酒，于是请 80 多岁的阿太来家里待一段时间，传授他酿酒技艺，虽然没有亲手制作过"红蜜烧"，但他平日里早就关注着乡里人是怎么制作"红蜜烧"的。阿太来了后，叶师傅细心学习酿酒技艺，没想到一个星期后，阿太却说要走。叶师傅就问她，这么急着走干吗。阿太回答："你已经会做了，我就不留在这里了。"看一个人会不会做酒，有几十年制酒经验的阿太相处一些时日就明了了。看着阿太硬要走，叶师傅烧了一只兔子特别款待老人后送她回家了。

酿一缸好酒，除了要有适合酿酒的水和优质的大米，还要有上好的曲。说起制曲，这让叶师傅想起了一段往事。他 30 岁的时候，家里的经济条件并不好，特别是在集体经济时代，人们靠挣工分换口粮，由于叶师傅那时候身体不好，只能给"生产队"放放牛和记录队员的工分，而自己的工分换取的口粮并不能让三个孩子吃饱肚子。看着面黄肌瘦的孩子，他心里难受。一日，隔壁有一个叫运周的人做酒曲，因是偷偷的，属"违规操作"，辛辛苦苦连着几日做好的"种子"（曲娘）被乡里事务所没收了，更惨的是还被罚款 300 元。叶师傅严肃地说："那时候的 300 元可大了，别人借钱都是 5 元、10 元的。以前是不让私自做酒曲的，不然被唤作'地下工厂'。可我不怕，因为穷怕了，于是，某一天早上我就跟运周说，我们合起来做酒曲吧。运周听后，像见鬼一样，还四处打量一下，就怕被人听见。"从叶师傅口中了解到，这人是被罚款罚怕了，可是罚了这么多钱得还上啊，于是他在惶恐中答应了和叶师傅合作，并告诉叶师傅到哪户人家买米是最好的。制作酒曲的地点就选在叶师傅自家的楼上。一个晚上，叶师傅发现运周爬起来好几次，好像心事很大一样，似乎不停地在翻动米饭。到第七日，如何晾干红曲是个问题，可胆大的叶师傅直接把红曲摊在后门院子里晒了。当运周还为如何晾干红曲的问题苦恼的时候，叶师傅已经将晒干的红曲装进了袋子里。叶师傅这个做法着实把运周吓得不轻，他说："你胆子也太肥了。"晒干的红曲似乎品质并不好，叶师傅虽不懂怎么制作种子（酿酒时，加适量种子，才能将酒曲和糯米饭发酵），但发现用运周的方法制作出来的酒糟并不是种子，而是普通的酒曲。见运周摸着红曲不说话，叶师傅知道不能明说，怕打了对方的脸，没办法，只能将这红曲先放起来，等待时机，看能不能以便宜的价格卖出去。事情过后的第二日，村里开会，好心的村干部提醒叶师傅，估计要开批判会，相关内容也许会是叶师傅偷偷制作种子的事情。于是叶师傅将这个事情告诉了运周，运周听后，吓得腿直打哆嗦，要叶师傅赶紧把他楼上藏的红曲搬走。没办法，当天夜里，叶师傅就将红曲藏在自己家中更为隐蔽的地方。等风声一过，叶师傅又开始制作种子，他这次没有和运周一起干，而是想利用自己的方法制作酒曲。他结合平日里自己听到、看到的诀窍，借鉴运周的经验，摸索着制作起来，没想到，这次竟然做成功了。卖种子的收入也让一家子过上了好日子。

回想起以前，叶师傅有些自豪地总结道："其实制作酒曲还是要做好交流，好的经验我会吸收，不好的就听听，也不会去反驳。"以前，十源、南田、泰顺等一些地方的师傅过来买酒曲种子时都会不约而同地问他：这么好的经验从哪里学习的？他就说文成全县的经验都在他这里。因为以前到哪去都靠步行，南田、十源等一些地方的师傅穿着草鞋到双桂的时候都下午了，有些师傅就在他这里过夜，就会和他讲一些制作种子的方法，他便各取所长，渐渐地，形成了自己的一套独门技艺。他记得，以前坐船去瑞安，碰到一个人，记忆中好像是平阳的师傅，由于闲来无事，二人就在船上聊起天来。下船的时候，平阳师傅还特意帮叶师傅付了船钱，并留了地址给叶师傅，一再恳求他一定要来平阳指导他酿曲。

让叶师傅得意的是，他每次去南田一带都不用自己带饭。由于技艺在身，地方上的师傅会争先邀请他吃饭，顺带让他指导怎么制作酒曲和酿酒。一次，一个年岁比他还大的师傅让叶师傅帮忙看下，为什么自己做的酒曲颜色总是不亮，没有油性，看上去很毛糙。叶师傅进曲园看了酒曲之后，一眼就瞧出了问题所在，直截了当地说道："你这个曲一次性催得太多太厚了，温度也偏高了。比如一次 400 斤米，按我的话就炊 350 斤米，少炊 50 斤，曲就会好看，内部温度也不会偏高。温度达到 23 至 24 度是适中，不然曲娘会被弄死。"经过这么一指点，当地师傅茅塞顿开，对叶师傅是万分感谢。

回想起过去酿制红蜜烧、制作酒曲的难忘经历，叶师傅感慨道："做了一辈子的曲，也做了一辈子的'红蜜烧'，现在我都 80 岁了，再做个几年就做不了了。"听了叶师傅的故事，我发觉人生就像一场修行，岁月使人成长。人，在时光中积累经验和技艺；而酒，在时光中沉淀，越放越陈。叶师傅把岁月酿成心中的"红蜜烧"，沉淀了技艺与人生。一壶老酒醉时光。

耕读传家飘墨香

　　毛坑村曾是毛坑乡政府所在地，后来经过几次撤并，现调整为珊溪镇南川村毛坑自然村。据史料记载，因为村中有一条溪坑，毛姓人最早在此坑两岸定居，故名毛坑。

　　毛坑村地处珊溪镇东南之巅，上通桂山、泰顺，下达南坑、珊溪，距离镇政府所在地3.5公里。村内有两山——狮子山和白象山，狮子山形如狮子舞球状，白象山犹如一只白象伸长鼻子在龙潭口饮水；有两峰——笔架峰和黄岗峰；有三井——龙潭瀑布形成的三个深井；有两岩——神仙岩和龟岩；还有一条溪流，名为毛坑，溪流上架有九座桥贯通南北，碧水环绕、青山掩映，犹如龙骨般撑起了这个小山村。悠悠的溪水从历史的山涧源源而来。南宋嘉定元年（1208），伯欢公五世孙静公是湖广知府，他的第三子贤翠公寻到了桂川，也就是现在的毛坑，见这里左边有象山，右边有狮子山。两山之间拱锁水口，当地人称这为雌雄山，顺着水口而下有二级瀑布、三个龙潭。贤翠公认为如此秀丽之地，不但有利于农业的发展，更有利于家业兴旺、子孙

毛坑古民居

发达。关于迁徙的历史，史料记载：毛姓系战国时毛遂后裔，世居荥阳郡。北魏时有毛鸿宾者任青州太守，家由荥阳迁青州。唐贞观时其子孙毛维瞻任筠州刺史，家由青州徙居括苍之群溪，越四世有毛登龙（官都巡）由群溪迁青田石门。居九世，有名毛笃之子毛忠，因押官纲至温州，爱飞云江山水清秀，侨居城水，旋徙三港（今瑞安平阳坑滩脚）。因避黄巢义军乱，挚家携囊买舟溯江而上，至五十五都而家，即今珊溪毛处。毛忠生子恭，恭生子崇夫。崇夫生二子，长国宝，分居平阳温江（即今肖江毛家处）；次国实，迁住朱坑，生二子，长名潘，有六子，次子养，分居毛山上坪，后迁桂阳，为桂阳、桂库、桂川（即今毛坑）之始祖，三子顺之后裔居平溪，至今仅有 17 人；次名董，生六子，季子乾积分居平溪，为平溪开基始祖。

毛氏在珊溪是一个大姓，文成从科举制度开始到废除共出过 15
个进士，毛氏家族就占了 2 个，一个是北宋时期的毛崇夫，一个是南
宋的毛珍。毛崇夫及第时间是宋雍熙二年（985），官职及封赠有翰林
正字，知制诰兼，诏举贤良方正，宏文馆学士，朝散郎，国子监祭酒，
刑部郎中，权知苏州，转知泉州，越州，秘书监。有史料记载：毛崇夫，
毛处人。宋雍熙二年（985）诏举贤良方正科，知贡举，考功员外郎。
黄勔取中二甲第二名，敕赐进士出身。至道元年（995）授翰林正字。
转知制诰，兼宏文馆学士。丁忧起复，进修撰著《宋书纠谬》。景德
三年（1006）赠正朝散郎，为国子监祭酒。崇夫墓在五十四都稠泛衢堤。
毛珍科第时间是南宋绍兴六年（1136），官职是南剑州（属四川省管辖）
教授。（《文成乡土志》）

据毛氏后裔，85 岁的毛祥芳老人介绍，毛崇夫不但学问大，而且
很重视农业的发展。毛氏族谱里就有记载：做官清廉，两袖清风，任满
归里，囊无别贮，仅携银杏、核桃、榛栗三种果树，分贻子孙种植。也
就是说毛崇夫告老还乡后，仅仅带回来三种果树，并把三种果树分给了
三个孙子种植，其中种植银杏树的孙子开枝散叶最多，现在这个系脉
仅在珊溪就已经发展到 4000 多人。银杏树又名白果树，是第四纪冰川
运动后遗留下来的裸子植物中最古老的孑遗植物，现存的银杏树稀少而
分散。然而，在毛坑、桂库、平溪，这种树却很常见。特别是在桂山的
平溪村，毛氏祠堂前就种有上百年的两棵银杏树，当地人称之为"夫妻
树"，皆高三十多米。毛坑祠堂也种有两棵银杏树，看来毛氏祖先毛崇
夫是有远见的。这也在无形当中对后代起到了教育作用，而毛崇夫自

己就是一个最好的榜样。

相传，毛崇夫开基之地，也就是现在的珊溪镇白鹭广场，曾有一个大水缸。据老人说，这是毛崇夫用石头制成的储水的缸，到现在还被放在一个寺庙里继续使用。

毛崇夫还引进了一个农用工具——水碓。最初的时候，人们用脚碓去稻壳，方法是人的脚踩在木质柄杆上，待脚用力下压后松开柄，石制的锤子落下时就砸在了石臼中，从而去掉稻谷的皮。而毛崇夫想到，使用水碓可以大大节省人力，所以在珊溪秧头这个地方造水碓，可以借水力来舂米。原本人力操作的农具变成了一个大的立式水轮，轮上装有若干板叶，转轴上装有拨板，拨板是用来拨动木质柄杆的。流水冲击水轮可以使它转动，轴上的拨板曰拨动木质柄杆的梢，使碓头可以不分日夜地一起一落地进行舂米。这样农忙的时候，在家帮忙的孩子就可以花更多的时间去学习了，耕读并重而行，何乐而不为。

由于毛崇夫本身是进士出身，北宋时期又担任过国子监祭酒，分管文化教育，所以告老还乡的他仍不忘记自己的老本行——教育。他在家乡办起了私塾，远近的民众得知后，纷纷将自己的孩子送来私塾学习。在私塾内学习的不但有毛崇夫的孙儿国宝、国实、国贤及侄孙国安，还有左邻右舍的孩子们。在当时，这所私塾可谓名噪一时，学员中有不少后来成为士绅乡贤。随着孩子们长大，孙儿国宝、国贤、国实迁居他处，可无论到哪，他们都继承了先辈的办学理念。

关于毛氏家族的另一进士——南宋毛珍，有个说法就是毛珍公中进士后，上任南剑州教授，因此全家都迁居到了外地，再加上当时交通闭塞，因此关于毛珍公的传说并不多。不过在珊溪镇的毛山村至今还留有毛珍公使用过的象牙筷一双、上马墩下马墩一对、马棚遗址一座、毛珍公的坟墓一座。可惜的是毛珍公的坟墓在 20 世纪六七十年代被损毁，现已经不完整了。

毛氏的后裔不但继承了祖先的勤劳智慧、上进好学，而且为人很大方。当地有一个传说，说是有一个神仙，一日外出遨游，想看看毛坑这个地方人品怎么样，于是他就摇身一变，化作一个穿着破烂的老乞丐，蓄着长须，满头乱发，满脸污垢，来到此地行乞。老乞丐想从村口第一家开始做测验，于是他就敲了这一户人家的门。"当当当当"，主人听见有人在敲门，赶忙从后门跑到前面开门，一打开门，发现是老乞丐，顿时心生悲悯，就把乞丐请到了家中，给他端来了米饭。老乞丐满意地点点头，待主人转身时，神仙没有吃饭，就不见了。之后，老乞丐来到第二家，也是受到同样的待遇；走到第三家，还是一样，如此反复。最后，神仙觉得这个地方村民很有礼节，就想送点什么给村民。于是他从远方挑来了两块仙丹岩，想放到水口处，以此增加毛坑的风水。神仙"哎呦哎呦"卖力地挑到半路，看到一个起早的衣裳不整的村民，感觉眼前这个村民冲到了自己的仙气，于是卸下这两块岩就立刻消失不见了。现在这两块石头就立在村内一户人家门前。只不过，石头不像以前那么完整了，一块被削去了一半，当作了造桥的石料；一块因为造公路，石头外侧也被削去了一大半。在场的老人都说，这个放岩的地点就取名为双岩，并将两块岩石叫作神仙岩，神仙岩的故事也就一直流传至今。

双岩传说所在地

相传,毛坑的河道里有一块大石盘,形如乌龟状,有预报天气的能力。碰到久旱不雨的话,只要看见龟嘴那个位置有水流出,说明三天之后就会下大雨了;久雨不晴,如果龟嘴位置不流水了,三天内必定晴起来。这个传说当地老人都很相信,要是晒谷子什么的,只要看看乌龟嘴,天气好坏就可以知晓了。

毛坑人的耕读传家、重农重学的祖训不但养活了村里人,更是激励着一代又一代村民。从这里走出来的人都自豪地说:我是毛坑人,我的祖先叫毛崇夫!

大椤树的守候

　　初见雅坪，印象最深的还是村口那棵大椤树（又名油杉），树干傲然挺拔，枝叶繁茂浓绿，安静凛冽，犹如一位时光老者，诉说着四季更迭。此树是雅坪的开基之树，相传为程姓外先祖邓均淑公迁居雅坪时亲手所栽。程氏始祖思道公于明景泰六年（1455）从平阳程家堡到此接管岳父邓均淑全部产业后，就在程氏家谱中记载："一椤树一株坐本村水口宫前。"至于水口宫，即原地主宫，椤树东向山脚就是水口宫宫基。据传，一先祖从温州请来一香炉，当晚飞到张背村的树林中，尔后，乡人就把地主宫殿移至张背村，并更名为地主殿。时光荏苒，岁月如梭，椤树虽历经沧桑，但仍高大挺拔。历代祖先也留下很多诗句，表达了对椤树的喜爱和敬仰。有诗赞曰："故家乔木竞无穷，椤树干霄更不同。远结盘根知广厚，高承甘露拾玲珑。严霜不改同松柏，贵重群推伍梓桐。莫把斧斤轻试手，几结培植念宗功。"

　　又有诗赞："椤树苍匕贯古今，挺然高大有声名。瞧匕直立参霄汉，密匕交枝跌泰清。白露滋荣老愈茂，雪霜历尽节尤贞。故家乔木群瞻仰，欣祝天公遗荫程。"

还有诗云:"雅坪水口木无穷,独植苍椤自泰翁。干劲翘匕辉樟岭,枝匕荣叠辉鳌峰。千年耸秀同松柏,四季长青异梓桐。吩咐儿孙谨宜守,悠然代代出三公。"

椤树四季常青,屹立不倒,村人认为,古树也在守护着自己的村子。

关于大椤树,村内流传着一段老少皆知的传说,说是椤树曾遭遇过两次大难,但每次都挺了过来。

雅坪至今已有 600 多年历史。公元 15 世纪初叶,飞云江中游邓堂坑边的邓氏族中出了一个"草王",朝廷降旨欲对其满门抄斩,族中邓均淑公逃到雅坪避难,成了雅坪的开基祖。雅坪为何会叫此名,因村后的凤山和西面的寒山像一对展翅的白鹤,两山间有一丘墩,传说是双鹤在抢珠。丘墩的四周则是平地,故名鹤坪,因"鹤"与"雅"方言谐音,后来名字就演变为雅坪。也有说泰邑之三都,有地山明水秀,修竹茂林,脉发鳌峰而迂回,案横眠弓而平坦,故名曰雅坪。雅坪位于文成县城西南。原为仰山乡政府驻地,设有供销社、乡校、卫生院等单位,曾是一个繁华的村落,也是浙闽要道。穿村而过,东行,经北山、朱坑头西山到珊溪;南行,经千秋岭、松坑入泰顺桥头垟到莒江;西行,经松根到东湾坑;北行,下塘山到龙斗村和邓堂坑口。可谓四通八达。在通往地主殿的道旁,立着一块斑驳的石碑,碑上刻着九字:"上至千秋坑,下至毛山。"其旁又立着一块解说碑,据碑文可知此志立于二十世纪五十年代,何人所立失考。此前,上下两条路虽都属浙闽通道,但去千秋坑必先上樟岭,而去毛山则需从横路经过。

路碑

早年，峃口、珊溪等地的篾匠、木匠、铁匠和弹棉花的匠人，都必须从这个岔路口再分道去福建谋生。因千秋坑在下，毛山在上，所以，有不少过客总以为向上走必定去毛山而走错了路。自从立了这一块石碑后就再也没有人迷路了。由此可以想象当时的雅坪村人来人往、热闹非凡的场景，也许曾有过无数的悲欢离合在这条古道上演绎。

雅坪是邓姓开基的，为什么至今没有一户姓邓的呢？看大清嘉庆八年（1803）程氏族谱的《程承邓业遗书》就明白了。遗书中记载：

泰顾县三都二甲雅坪邓均淑因为身染软风疾病而久不离床，现已八旬有九，止养一男邓轩不幸上年病故。独有一侄邓追儿亦染风气，延年十无一朝壮健。本户死绝无人。每料家门终不济事，淑养有一女名妹奴，吾每虑无后，先年凭媒林亨六相招到平阳程家堡人程思道来家招赘，女幸喜今年养甥俱各娶妇生孙，吾思年老日落西山，来年甲首在迩。同妻相议，凭乡长邓大林等立下遗嘱文书，将自己住屋、基址、田地、山场及本户照证人户由帖，俱缴子婿程思道子孙永为己业，婿同甥虽各籍合邦扶吾患侄，邓追儿当下年甲首，其吾所有产业，后开条件一仰与婿子孙永远管掌。此系自己物业，不许同姓非宗及异姓人等妄行争夺。其本户由帖内递年税粮侄追儿或无力办理，婿当协力扶助，不许乘乖驰大义。吾夫妻殁后婿宜殡葬。且侄追儿身染风气亦当如同骨肉爱护。如违坐为不义之罪。今恐无凭，立下遗书永远付照者。程承邓业田产有契付管，其历管山场其四至开列于后：东至坑寨坳，左连大坑孟崎，右连周山宅柿树罔下田为界，南至上岱山顶端邑分水为界，外连鬼洞岩，底连高斜罔顶直下榆山坳头与毛姓山分水为界，西至斜洋岭头嫩直上竹河岭三公田大尖顶为界，下连岭头墩横过寨墩直下杨官丘岱头为界，北至周坑湾岩门外连杨青降树样头为界，其四至内本族有契券买卖，照契券管掌。

一邓郡马填在河洋漳　水湾（即涨水湾）

一邓祖坟二穴在过楼坳

明景泰六年正月吉日立遗书

岳父邓均淑

岳母严氏

凭书人邓伯初　王景华　林邦俊　夏玺　毛萧阜　林文亮

代笔族长　邓大林

悉照遗书抄管

《程承邓业遗书》记载得很详细，也让我了解了雅坪的一段故事。

沿着古道的石阶往上走，右手就是地主殿，殿前有一张石砌的露天长桌，廊道外是石砌围墙，围墙外长着几棵枝叶茂盛的薜荔，大殿正中放着那一个相传是飞来的大香炉，供奉着毛一公和黄五公两位地主爷的神位。地主殿历史悠久，早在清嘉庆八年（1803）修撰的族谱上就有相关记载。每年正月初三晚到初四凌晨，地主殿内非常热闹。当地有一个民俗，就是在初四凌晨上殿祈福，以求福求太平。初三上半夜做竹老虎（做竹老虎的师傅必须在初二下午洁身上山砍来毛竹，按时辰悄悄做成，再按时辰送上殿）。初三下半夜，每户在殿前摆上猪米头（米塑），等候道士逐户"打光杯"。正月初四上殿祈福共有八个环节。一是扫尘，由头家（轮流担任）于十二月二十四那天把各宫殿宇和礼堂打扫得干干净净。第二个步骤是列单。由头家在上年的基础上开列愿单。第三是献戏。于每年的正月初二、初三两天演戏，请地主爷、观音大士和诸位仙士观看。第四个步骤是"做马"（即前所说的竹老虎）。第五步在"做马"的同时，各户由一名男丁提着猪米头向头家送上愿金并摸走愿单后，再把猪米头摆在供桌上。第六步，待时辰一到，大家齐聚供桌两旁，共同祈福。第七步是"交马"，由篾匠背起竹马，面向地主爷前进三步，叩拜三次后再后退两步半，然后将竹马放在干柴垛上，待道士出令后点火。此时，头家用事先备好的香纸棒从香炉引火，火光中竹马带着全村人的心愿上奏天庭。第八步是接福。"交马"后，大家捧着猪米头回府，由家人摆好案桌礼品，鸣放百子炮接福接平安。当地的这个民俗听来十分有趣，每个民俗的背后都寄托着人们对美好生活的向往。

关于毛一公和黄五公，至今村内还流传着一段惊人的传说。原来他们在毛山的水碓坑有一间水碓，每天晚上为乡亲们捣米。一天深夜，突然来了一只白额大虎，坐在水碓间门口，张开血盆大口要吃二公，二公见后，料知凶多吉少，但又苦无退路。于是，毛一公硬着头皮对老虎说："畜生呀畜生，如果你能把我吃光，我就回家把身体洗得干干净净让你吃，如果剩下一丁点儿，你就乖乖地给我们兄弟当坐骑，行吗？"说完，只见老虎点点头。毛一公洗干净回来时，老虎猛扑上去将他咬死。此时，黄五公早已昏厥在地。老虎吃到最后，竟让一小节脚趾掉入石缝中，怎么也弄不上来。待黄五公醒来时，老虎竟跪在他身边，并且示意请他骑上来。随后一直背黄五公到张背树林中，一抖身将黄五公摔在一只香炉边。五公睁眼一看，老虎早已无影无踪。回到家中，黄五公将这件事情告知乡亲，大家都感到惊骇。第二天五公带领乡亲们到水碓坑捡回毛一公的脚趾，并处理了后事。当晚，黄五公做了一个梦，梦见毛一公也骑着那只白额大虎邀请他一同到张背。他们坐在香炉后，老虎跪在香炉前。到了第三天，黄五公竟也安然归西。自那之后，人们就以黄公的梦境尊黄、毛二公为"当境地主"了。年年正月初三上殿许愿时所烧的竹老虎缘由此出！

村内还有一则有趣的"府台官下轿"的故事。说是早年，有一位府台大人乘轿打道本村前往泰顺视察。轿经火路甲岭头（方言地名）时，这位大人掀帘注视外面片刻后，赶忙下轿步行。随从问其故，大人说，此地必有能人。当行至村中，见此水口空空荡荡，叹了一口长气说："可惜呀可惜，虽有能人，但保不久呀！"（意思是说在水口处水没有山的阻挡，水就直接往下流，此地截留不住水，寓意人才会留不住，也就无法兴盛起来，是古时迷信的一种说法）说完，旋即上轿前行。

跟随村支书程启龙的步伐，我们来到一处水井旁，水井周围围有八角形围栏，探身一看，水质清澈透明，井水为石泉，是从石缝中挤出来的，自外始祖邓均淑公到此开基伊始，就凿此井引甘泉。不管旱情如何，它都能源源不断地满足人们的生活所需。为此，前人留下了许多诗词赞美它，启示后人"滴水之恩，要涌泉相报"。选赋如下：

一井澄清

万斛丹砂益寿长，临泉谁不沁诗肠。无多波浪闲相照，不惹尘埃静自凉。冷浸苔衣光射斗，清涵月影暗生香。年年澄激源头活，遂渐盈科济一乡。

古井

水井澄清

何时凿井得泉踪，石润有源水上冲。派饮凉生寒六月，被除气燠暖三冬。清同冰鉴天开镜，洁似玉壶月比容。莫道细流难学海，盈科习坎亦朝宗。

玉泉长勇

泉水澄清夹壁真，砌成井汲济一乡。无分昼夜长流涌，不别晴阴悉绝尘。炎友清匕四水净，严冬燠暖匕舞雾。春来时觉襟怀豁，不比贪泉令我嗔。

砖瓦窑

　　由于数月大旱，村里很多稻田被晒干了，干裂的土地上只见黄色的即将枯萎的稻秆，而这口水井依然如初，为村民提供着生产生活用水。

　　在北水口上还保留着一座古老的瓦窑，窑口上方贴着一块方形石牌子，上书："文成县不可移动文物。"窑内昏暗，只有窑顶落下的光线让人隐约看见内部情况。窑内四周都是用红砖平整砌成的高墙，上小下大，看上去就像一座小屋，从红色的砖体上可以看出斑驳的岁月痕迹。一座窑实际上就是一个制砖手工作坊。雅坪的土壤细腻无杂，很适合制砖。制砖程序繁复，需要经历选土、碎土、澄泥、熟土、制坯、晾坯等十多道工艺。这砖窑什么时候建造的，当时是怎么个场景，对此我满心疑问。

我站在雅坪的山巅俯瞰，眼前是一层层梯田，在阳光下闪着耀眼的光芒。远处是飞云江上游的珊溪水库，山脚是飞云江支流边的松根村，在水流的冲击下，现已形成一个"心"形湖泊。山风习习吹来，心中想着村口那棵大椤树、浙闽古道和那口古井……无论眼下还是心里，尽是美丽祥和的景象。是的，这里是泥土芬芳的家园，是枝干挺拔的大椤树庇佑下的家园！

古井古祠

　　李井社区井源村位于珊溪镇东部，明、清时隶属义翔乡五十五都，2019 年经行政村规模优化调整，由环秀村、井市村、徐岙村组成。因井源村地处李井社区中心区域，且有高速公路与外界相连，所以有源源不断的发展机遇，故取名井源，既有李井源头之意，又时刻警醒后人不忘挖井之恩。

　　过去，井源的水井很多。只是现在，有一些水井已废弃，一些被掩埋，仅剩的两三口水井因被好心人守着才得以继续使用。村里有个93 岁的阿公，说是阿公，论辈分与我母亲同辈。他家门前的井已有一段历史了。这是他曾爷爷的父亲打的水井，要是把他自己曾孙这一辈算上的话，这口井已经哺育了九代人。在老人的记忆中，原本他的屋后没有房子，目之所及，是一大片农田。在以前，水井常年流水，井的旁边就有一条小水渠，井水沿着水渠一直流到田里。因为井水甘甜，附近的人都喜欢来这口水井挑水，井水不但哺育了附近的村民，还灌溉了屋后的一片农田。这口井冬暖夏凉，冬日里，特别是下雪天，井

古民居

水里还会冒泡泡。这一带以前都是老屋，很多人把老屋拆了重建，原本阿公家的房子可以和隔壁一排的房子在齐平的位置上盖，但因舍不得这一口井，于是就舍了地基，将屋子往后挪了挪，房屋就盖在了水井后边，所以从他们家的房子开始，另一边的房屋就盖得特别靠后。老人的善心保护了古井，也保护了家乡的"味道"。

打开井盖，一阵清凉扑面而来。只见一洼碧波悠悠荡在井里，水面飘着几片叶子，似时光偶然遗落的足迹。石子堆砌的井壁上布满斑驳的青苔，人影映在水里，水井像是一面圆镜。水井外，四季流转了一轮又一轮；水井内，水波不惊，缓缓地流着，这是古井独有的"味道"。

　　阿公家门前的这口井叫上垟井头，村子里还有一口更古老的井叫井头，是李井社区最早的一口井。据刘氏族谱和房金川井头里居记篇章记载："金川之地前溪后山，其山形像金，乃罗山分下之小支也，其溪由李夏底吞源，自东而西盘曲而出，至溪尾大溪之畔，有五县大地庙观音堂，皆我太祖建也，其大宗祠庙枕连大帝庙西厢，是溪源本金山而来，故名金井，地有古井，亦名井头里，中有一小巷，西厢王氏，东厢刘族，鳞次百余室，烟火相接，至守恭公移居李夏底，守朋公转居金吞，又有分居傍坑，但连金川不过数武耳，此地山明水秀，我四房祖孟坤公昔时度土筑室于兹。"该记载详述了井头的起源和刘氏后裔的分布情况。据刘氏后裔刘化煊老师介绍，这里的孟坤公就是明朝洪武年间的武威大将军刘孟厚的哥哥，这口井就是孟坤公挖的。如果按这个时间计算的话，那这口井有 600 多年的历史了。为寻觅这口井，90 多岁的阿公带我寻了半天。由于建设需要，路面被挖得深深浅浅，后经住在古井周边的村民指点，才发现它被掩埋在了一处花草中，井上被放置了条石，条石上摆满了大大小小的花盆，水井周围长满了及腰的杂草。此刻我的心境怎么说呢，似乎用"败井颓垣""雨井烟垣"或"时过境迁"都难以表达。人是红尘过客，井亦如此。也许被遗忘是另一种保护，但我希望它只是被遗忘，而不要像其他水井一样被永久性地掩埋。如果真如那样，那文化的符号、文化的载体该去哪里找寻，家乡的"味道"又该去哪里找寻？

井市刘化论民居

　　井源村的老街纵横交错，散布在老巷子里的古井、古宅、古祠堂，古韵犹留香。在当地有一个名为"武威将军"的祠，位于门前坑旁，经这里的子嗣介绍，祠建于明永乐八年（1410），重修于清康熙五十二年（1713）和光绪二十五年（1899），此祠就是为了纪念武威大将军刘孟厚而建的。祠内有戏台、正厅和廊厢，正好组成一个合院，东西厢楼均为两层，正厅五间，该建筑坐北朝南。

　　祠堂的负责人刘化煊老师介绍，此地的刘姓后人源于西汉天子刘邦。王莽篡权之后，欲灭刘氏家族，刘氏人闻风，想了一个计策，将

将军祠简介

自己的刘姓改成他姓，如金、钱、侯，然后连夜收拾行李向其他地方逃难去了。

李井刘氏开基之祖为刘祯的八世孙刘照。元初，刘照从永嘉迁至白岩，再迁至瑞安上安，其后迁往瑞安上源，在今之南洋南山开基创业。据刘氏族谱记载，孟厚就是刘照的四世孙，其出生地就是在上源旧居。孟厚家族庞大，其兄弟就有六人，兄弟之间手足情深，且个个勤劳本分，亲自耕田，靠着自己的双手，家底也日益厚起来了，所以村内姑娘都愿意与他们弟兄成家，因而各房都有娶妻室。在明洪武二十五年（1392）冬，父亲才帮他们兄弟分了家，安排他们有序地居于六处，其中孟厚居高路（地名），就是现今李井的所在地。

　　孟厚这个人从小就爱学武术，身材魁梧，善射弓箭，且气盖山河，可以举重千斤而面不改色。曾有十余人围攻他，他等闲视之，只需左右开弓，便将这些人打倒在地。不过孟厚并不是鲁莽之夫，此人智勇双全，且有一颗滚烫的赤子之心。他在高路开办了武馆，培育武术精英，以抵御外族入侵。听这里的人说，山林川（即百万山，地名）中，有一个山寨，山寨王就是因为高路有一个孟厚才不敢来犯。就这样，孟厚一边办这个武馆，一边靠撑船维持生计。

　　话说一日外出撑船，夜幕降临，孟厚与伙伴们停船过夜，和衣而睡。三更时分，有一伙山贼欲劫财，孟厚侧耳倾听，疑有脚步声，于是轻声叫醒伙伴。伙伴们手持兵器在旁，唯独孟厚持船篙冲向前去，用船篙将贼首横扫入江水中。山贼们见孟厚武功高强，又见老大落入江中，就纷纷四散逃命去了。此后撑船往返，再无山贼敢来侵犯，孟厚成了高路的保护神。

　　洪武二十七年（1394），倭寇入侵，沿海的城郭遭毁，进犯的倭寇烧杀抢劫，百姓生活在水深火热之中。孟厚含泪望着被肆虐的家园，毅然诀别爱妻蔡氏，报名参军。就在瑞安城西即将沦陷，在场官兵却束手无策的时候，孟厚义愤填膺，身先士卒，登上炮位点燃火炮，一炮击中了敌人的阵地，战场形势瞬时转变，敌人慌忙逃窜。孟厚不怕危险，穷追倭寇首领并杀之，以报家园被毁之仇。从此，海域恢复了宁静，百姓又恢复了安居乐业的生活。孟厚不但成为军中的传奇，而且成了百姓心中的英雄。有他在，瑞安百姓就觉得踏实：不怕，不怕，我们有孟厚！

　　洪武二十八年（1395），地方官上书请求表彰孟厚，朱元璋也想见见这位大明朝的英雄，便下旨召孟厚进京受封。当时站在殿外的孟厚见大家都戴着帽子，觉得自己不戴帽子有失体面，见殿外有一个鼎，于是就将鼎举过头作为自己的帽子进殿面圣。此举不仅惊动了在场官员，就连圣上见了也目瞪口呆，称赞道："此乃我大明奇才啊！"顿时龙颜大悦，封孟厚为卷帘将军。关于这件事，曾有进士周粹中的诗赞道："明世年间倭寇侵，乃翁田舍奋雄心。声摇山岳风云变，气贯斗牛神鬼侵。破敌未曾折一矢，凯哥何用勾千兵。海域自此清平乐，铁拳褒封不朽勋。"在职期间，孟厚始终忠于职守，从不与奸佞之臣为伍。

　　孟厚可以说是三朝元老，朱元璋驾崩后，又先后辅佐过明惠帝朱允炆和明成祖朱棣。于永乐元年（1403）春，被嘉封为武威大将军。孟厚在晚年仍坚持与朝中的奸佞之徒抗争，后来因积劳成疾，病逝于京都，当时他只有 55 岁。一代英豪就此陨落，被赐御葬于今毛坑水载庵。

　　没想到，一个大将军竟然离我这么近。看完族谱和祠堂，我的心还沉浸在故事里。古井、古祠堂，它们从时光深处走来，承载着世代乡愁。

路在脚下

黄坦镇培头村，位于富竹岭后山上。20世纪五六十年代，文成公路尚未建造，当地交通闭塞，住在山区的村民要想出趟远门，主要的交通工具就是脚。要想翻山越岭，走出培头、走出文成，脚上就要穿草鞋，于是草鞋成为村民的必需品。那时候几乎家家户户都会打草鞋，这项手艺是村民的必备技能之一。

在文成，稻米是当地人的主食。田里稻子收割后，农户将一部分稻草拿来铺床、烧火，另一部分则就地取材拿来打草鞋。村民通过巧手将稻草编织成箬叶状，穿在脚上，用于保暖。由于草鞋经济实惠，深受群众喜欢。草鞋样式简单，由鞋鼻、鞋耳、鞋底、鞋带四部分组成。草鞋还有一个响亮的名字——"红军鞋"。民间就有歌谣唱道："脚穿草鞋跟党走，刀山火海不回头。"文成是革命老区县，是浙南革命根据地的一个战略支点，先辈们就是靠一双双草鞋跋山涉水地保卫家园，草鞋承载着一辈人的记忆。

家住培头村的钟炳珍师傅现已80岁。初次见钟师傅是在钟维禄

培头民居

老师的带领下，那时，钟炳珍师傅制作草鞋的工具都放在培头民族小学，所以我没能看到草鞋的编织过程。为了能更精确地了解打草鞋的手艺，第二次，我提前打电话给钟师傅，约定了具体拜访时间。

钟师傅3岁就失去父亲，他很小的时候就会和母亲下地干活了。除草、犁地、插秧、种菜、挑粪，这些活他从小就会，"穷人的孩子早当家"，在他身上就是最好的印证。等他再大些，为了支撑家庭，他的母亲经过反复思索，选择以先生上门入赘的方式再婚，后来钟师傅又有了两个弟弟。

据钟师傅回忆，他是从16岁开始和村中的庄稼人学习编织草鞋

草鞋

的。那时候，家中非常贫苦，常常是吃了上顿不知下顿在哪里。看着光脚的弟弟，他万分心疼，于是开始学习打草鞋，家中的鞋子无论老人的还是小孩的都是由他一人打的。在他的记忆中，每次秋季过后，家中的稻草都要叠到一米多高。在文成，有些地方称稻草为"稻草仙"，在物资匮乏的年代，人们会在床上铺上一层稻草当作垫子，条件好的人家还会在上面盖上一层棉被，条件差的人家就只能铺一层薄薄的被单，稻草就起到了保暖的作用。因此稻草对农户而言，用处非常大，也很珍贵。

在农闲的时候，钟师傅一天可以打四五双草鞋。说到这，钟师傅领着我来到培头民族小学，带着我来到他给孩子们授课的教室。一到教室，他就利索地拿来了立在教室墙边柜子上的打草鞋的工具，有木槌、草鞋耙、草鞋梯，还有一个类似电视剧中猪八戒用的耙子一样的草鞋耙。他将一个弯曲的木制腰杆系在身上后，就从吹糠的风车上取下一小捆稻草放置在长条形的板凳前头，又拿来两根络麻搓成绳子，再将其对折成两股，其中一股穿入对折的中间部位，绕成一个鞋鼻，然后对折成四股，鞋鼻的主端系在腰杆上，四股绳挂于草鞋耙上，这就形成了做草鞋的"骨架"，也有人叫作经线。之后身体呈后仰姿势，借助腰力将绳子绷直，再以稻草为纬线，通过双手搓拧，将两根散开的稻草束成条，在络麻绳上来回穿插。钟师傅边搓边强调："稻草一定要搓紧，鞋子才耐穿。"待稻草条快编织好时，再混合搓进新稻草，每次接入的稻草都要从中间插入，稻草头需朝下，以保持鞋面美观。编织时，可以根据草鞋的宽度，将络麻放置在草鞋耙上不同的位置。编织好三根稻草条时，钟师傅就拿来草鞋耙插入经线中，通过木槌敲打，将已编织好的部位推紧，待编织到三指横宽的时候，取来络麻绳弯曲成一个环制作草鞋的扣子，每边可做两到三个，接着编织，达到四指横宽，鞋身就做好了。再制作草鞋扣，继续编织到四指横宽，这个就用来做鞋后跟。最后收口，之后取来络麻绳穿过鞋鼻、鞋扣和脚跟，扎紧，剪掉多余的稻草，一双前宽后窄的草鞋就打好了。从制作过程来看，打草鞋需经过晒稻草、搓绳、编底、编织、打鞋扣、锁口等多道工序，编织一双草鞋要花去一个多小时的时间。

　　在过去，文成的一些农户就以卖草鞋为生，因为无论是上山砍柴、

草鞋制作

下地干活，还是下河撑船，都会用到草鞋。草鞋穿着方便，加上卖家多，基本一两毛钱就可以买到一双。一双结实的草鞋可以穿上三四天，要是加入布条的话，使用的时间会更长，可以穿个一周。

钟师傅摩挲着桌上已经编织好的草鞋，感慨道："草鞋防滑，穿起来轻便，大冬天穿在脚上，上山干活也不觉得冷。以前，靠着这一双草鞋，我扛着木材走山路、过溪流，有时候走上三天甚至一周，就是为了能将从农户家里买来的一根木材卖个好价钱。出门的时候，身上只带点番薯丝和一两双草鞋。"我非常惊讶地问道："要走上三天，甚至一周，那一根木材有多少重啊？""基本都有 120 斤上下，我从农户那里 5 元一根买回来，希望走远一点，到镇上去卖，运气好的话，一根木材可以卖个二三十元。"说到这，钟师傅停顿了一下，接着讲道，"哎，以前过培头这条路去外乡，运气不好的话，会被人拦住，木材就会被没收，因为外村的人以为你偷了他村里的木材。"我在想，这不是雪上加霜吗，但钟师傅谈起这个经历时只是莞尔一笑。从和钟师傅谈话中我了解到，他二十多岁的时候，经人介绍，就和村里的姑娘结了婚，之后有了四个孩子。为了挣钱养家，钟师傅常常是背着木材出门好几天，他靠着一股韧劲，养活了一家子人。他还告诉我，苦他不怕，最怕的是卖不了木材。有时候，村里会来木材商，那么他就有活干了，帮木材商背木材，一天可以有 1.5 元的工资，相当于当时做篾匠一天的工资。没有活干的时候，他就去地里种菜，去山上砍柴、挖野菜，怎么样都要走出生活的路来。

2013 年，培头民族小学将"打草鞋"技艺列入学校的拓展课程，应校长邀请，钟师傅每周四下午都到学校给孩子上课，风雨无阻。没想到，这一上就是六七年。令他欣慰的是，他的这个技艺有了传承人，现在，一些孩子的打草鞋技艺已经可以跟他媲美。

写到这，我在想，钟师傅做的草鞋样式虽然简单，但它轻便、坚韧，正如他的人生一样，温暖而坚定，靠的也就是这一股草鞋精神。

枕着时光溪流入眠

你若来珊溪,在公交终点站下车,隔着一带碧江望向对岸,目之所及便是坦岐村;你若是在清晨来,对岸的坦岐便是另一番景象,一切都是蒙蒙的,整个村子被笼罩在雾气中,仿佛沉睡在柔波中,房屋、青山、绿树、白云倒映在水中,随着水波徐徐漾开。你若是在雨天来,记得带一把纸伞,在雨水织成的画里沿着江边走走,别有一番滋味。

那依水的音乐喷泉、广场和林立于街道两旁的高楼并不是坦岐的全部,你若想追忆过去,需循着小道往里走,往曲折的小巷走。在横贯的小道边你会看见一个古祠堂,再向前走几步,往右拐,再往深处走,你可以看见一排石砌的低矮小屋,一棵浓荫密布的大树,一个宽阔的小庭院,一个十字路口和一座烈士墓。住在附近的农户会在家门前放几张长条凳,傍晚时分,这里算是最热闹的,老人们或站或坐,妇女们做着手工,小孩们在周围嬉戏,听老人讲述过去的故事。

坦岐,之所以称为坦岐,是因为古时村中有檀树、榉树和赤水树各一棵。其中檀树下设石棋盘,这树枝叶茂盛,形成天然的擎雨盖,

民居

农闲时人们会在这里下棋，叫"檀棋"。后来，村名就改为坦岐。新中国成立以前，这里是本县地下党革命的摇篮，1935年便成立了县境内较早的一个党小组，村民在党的领导下始终坚持对敌斗争。

原住民以彭姓最早，叶姓次之，明代迁入蔡姓，清初迁入朱姓、黄姓。但据现在的老人们回忆，最初在坦岐开枝散叶的是叶姓人家，分别叫叶一、叶二、叶三，这三户是大户，都以制碗发家，现在后辈的人都尊称他们为叶一公、叶二公、叶三公。第二户落户坦岐的是蔡氏人家，说是从福建搬迁过来的。第三户搬迁而来的是黄家，谈起黄家和蔡家还有一段渊源，说是黄家原本是在五十五（今李井，地名），以卖糖蔗为生，可是辛辛苦苦种植的糖蔗都被当地贪吃的村民偷走了。一气之下，黄氏的这一户人家就收拾家当，挑起扁担，另谋生路，在路上偶遇从平阳回来的蔡氏人家。蔡家了解了黄氏离开五十五的缘由后，拍着胸脯说："我们坦岐地大，你若来种植糖蔗，我帮你盖房子，以后准能发家。"蔡氏人家说到做到，黄家因此在坦岐安顿了下来。

据老人们回忆，那时候坦岐江边的沙地到处都是糖蔗，光糖蔗厂就有四家。现在的坦岐村农户还会在田园种上三四排的糖蔗，供自家小娃解馋。得益于当地的沙地土质，坦岐种出来的糖蔗格外甘甜。

糖蔗对当地人而言，非常珍贵，说是给孩子吃特别暖胃，村里还有一种说法："坦岐人被人要糖蔗，就像针扎心头骨。"这虽是夸张的说法，但是也说出了当地村民的真实心声。在过去，广阔的沙地还有桃林，这成了在这里长大的80后村民最美好的回忆。

在老人的记忆里，还流传着这样一个故事，说是坦岐的对岸本没有沙洲，是因为很久以前珊溪发了一场大水，把当时珊溪的首富林百万的家给冲走了，化作了现在的坦岐洲。如今，坦岐洲上已经林立着居民房。据温州、瑞安等多个地方的史志记载，珊溪的这场大水发生在南宋孝宗乾道二年（1166）农历八月十七日傍晚。《瑞安县志》对此有记载："宋孝宗乾道二年，秋风月霁，忽风暴雨狂，水暴涨，溺死数万人。"

故事从百万山说起。百万山原名岩下湖林井，住有一户富豪人家，外号叫林百万，原籍苍南桂溪镇天井垟。林百万家境贫困时，为了生活肩挑小百货（担销客）徒步走街串巷，翻山越岭做小本生意，经常来此。他看湖林井这里水陆交通方便，环境优美，就移居到此。

相传，林百万的妻子吴金花命中败家，人称"十八败"，意思是说家里再多的财产都会被她败光，镇上没人敢娶她，可唯独林百万不信。他想：我家产这么多，看你怎么败。于是就娶了吴金花为妻。

林百万府第的厨房是靠近后山边的，灶台旁边有两条野生葛藤生长延伸到灶台上，其妻觉得有碍劳作。心想过去家贫如洗，向邻里借米、油、盐，他们都不肯借，现今我家是百万富翁，有怨恨在心即起报复之意，拿起菜刀说："上屋借米不肯者吃我一刀，下屋借油不肯者也吃我一刀！"于是灶台上两条葛藤被斩掉了，藤的汁液似血般流了三天三夜（传说这两条葛藤是"龙须"）。后来灶君将这个情况上奏天庭。顷刻间，天空黑云密布，电闪雷鸣，大雨淋沥，山洪暴发，灾难降临。当时，家犬叼走长工的拖鞋往外逃，长工紧追家犬，才逃出林家，免于一死。而林百万一家老少，包括全部家产被洪水冲走，这就是历史上民间传说百万山的来源。

关于这个故事村里流传着另外两个版本：一个说林百万虽是首富，但本人非常小气，家里样样都有了，还经常四处去借用农户的东西。这天林百万家中要做一场法事，他就让一名长工去农户那借米斗，就这样，长工和一条狗出门了，不多久，突然发大水，林百万及全部家人、财产都被冲走了，而长工和狗则幸存了下来。另一个版本是发大水的那天，家里的狗将林百万儿媳的鞋子叼走，为拿回鞋子，儿媳紧追上前，这样林百万全家和财产都被大水冲走了，而儿媳和狗幸存了下来，老人们说，主要还是因为那位儿媳心善。所以村中至今传唱着一首民谣，"推了林百万，涨起坦岐洲。坦岐十八巷，巷巷有银放"。前半句说的就是这个故事，而后半句说是坦岐的沙里还夹杂着金和银。金和银，也许在座的老前辈们都没有见过，但沙铁倒是炼过。至今，坦岐村小学操场旁还立有当时钢铁厂留下的两支烟囱、炼铁炉和两幢机房。原占地面积3000多平方米，现存建筑占地面积约78平方米。原建筑由两座炼铁炉、两支烟囱和柴油机动力房、热风机房组成。20世纪60年代建坦歧村小学时，拆除了南端的一支大烟囱和一座炼铁炉。柴油机动力房位于北侧，面阔两间。屋面铺小青瓦，硬山顶，用方形杉木橼，砖木混合结构。块石垒砌台基，室内地面用黄土夯实。前后檐砖墙中间砌砖垛，上置木桁架，桁架用斜梁承九根橼条，两侧用山墙承重，桁架外挑檐标。热风机房位于柴油机动力房南侧，原为单间券顶建筑，南北朝向，后顶部拆毁，改为桁架结构，现为砖木混合结构硬山顶建筑。屋面现为三角木桁架，上置五根小模条。烟囱位于热风机房西侧，与热风机房之间有管道敷设于地表，管道外部砌砖

炼钢厂旧址

保护。平面为圆形，青砖平砌成筒状，由下而上逐渐收分，顶部压砖略外翻。总高 17 米，壁厚约 0.8 米。当年用于排放热风机房产生的废气。炼铁炉位于热风机房东侧。坦歧炼钢厂旧址的具体情况，在《古韵寻踪——文成县第三次全国文物普查成果选粹》一书中有详细记载。

对于当时炼钢的景象，村里的民谣是这么唱的："坦歧办个炼钢厂，整夜机器隆隆响，村村妇女下台垟，楼上楼下点灯亮。"看着大烟囱，仿佛看到了一段过往。

珊溪街尾村有一座山叫鲤鱼山，高 40 米，长 300 多米，远看状似鲤鱼。这个地方是文保单位，在此地发现了距今 7000 多年的新石器时期遗址。

在 20 世纪六七十年代，珊溪是文成最繁华的地方。60 年代时，木帆船共 70 多条，其中，坦歧村就有 30 多条，往返瑞安与文成之间，水上运输很是繁忙。其实珊溪水路运输在古代就非常发达。据《文成县志（1991—2011）》记载，明清以来，辖境沿江设珊溪、坦歧、项埠、林岸、龙斗、东湾坑、金钟码头 7 处。

见证坦歧的历史的还有后山保存完整的一座宋代古窑址，名为碗岗山古窑址。一路走着，发现地上处处都是零碎的器皿碎片，几乎是沿着这条小道一路散落。有的像碗，似罐，又好似钵，有褐色、黄色，甚至有青色。细细看，器物造型淳朴，颜色单一，器皿底部都较厚重。看着这一路的碎片儿，我心里有个疑问：不会出了什么盗墓贼吧，怎么能这么奢侈地丢弃在这里呢？可是再往前走，发现田坎、田中都是碎片，好似这里的人们把碎片当作了种植庄稼的原料。后来经当地文化局的工作人员介绍，我才知原来这里是宋代古窑遗址所在地。南方的制陶原料主要取材于当地的泥土，泥土金属的含量以及对火候的掌握就决定了陶瓷的颜色和品质。窑址的选择也有讲究，窑址炉多依傍溪流与山坡而建，且每隔一定距离开一个口，有利于制陶时温度的掌控。

据考证这里有三条窑址，一条窑址就有三米宽，150 到 200 米长，其中中间的这条窑址保存得较为完整，遗物堆积层面积很广，已发现的有罐、壶、碗、洗盏、碟等，其中以碗、盏为最多，釉色有青绿、青褐、黑褐三种，旁边两条窑址都被当地的农户开垦为农田了。当年窑位在江边，水运便利，也许这些窑址的破坏也和南宋乾道二年（1166）那场大水有关……

每一个遗址都在诉说着一段历史，每一个故事都承载着一份信息，真庆幸自己能在这里近距离与它们相遇，好似在与它们无声地进行着一场跨时空的对话！

杨梅熟了

　　说起南阳，也许人们和我一样，想到更多的是那里的杨梅。珊溪的杨梅，南阳算是成熟最早的了。南阳杨梅果大、汁多、味道佳，每年 5 月底至 6 月初，前来采摘杨梅的客人络绎不绝。由于我的小妹和小姑子都嫁给了南阳人，我也有幸多次穿梭于那里的杨梅林，美美地享用了好几回杨梅大餐。6 月的杨梅好似 6 月的雨，"淅淅沥沥"淋了满山坡，好似一夜之间，都红了。

　　南阳村内有一条小溪，当地人称南阳坑。夏天南阳坑的溪水缓缓地流着，青山、廊桥、行人倒映在水里，廊桥的边上是一条汀步，时而有人拿着锄头或菜篮子在汀步上清洗，激起一圈圈水纹，扩散成涟漪，水里的倒影也跟着荡漾起来，悠悠的，心情也

杨梅熟了

杨梅

跟着柔和、欢快起来。溪的两边散落着一间间黑瓦白墙的民居，不远处就是田野和小山上的杨梅林，那低俯的身姿就是辛勤劳作的人们的身影。每回去南阳，给我印象最深的还是南阳路口的石牛像。我那时讶异，为什么村口要放一只石牛？又在想，南阳这个村庄是何时有的，为何取名为南阳？现在，这些问题，南阳的村支书一一给我解答了。村支书将我带至一位 90 岁的刘阿公家里。阿公满头白发，面容慈祥，见我们来了，他笑着和村支书聊了几句，便同我们一起出门了。路上，他一边陪着我们找寻南阳村古迹，一边讲着古迹背后一个个引人入胜的传说。

南阳村位于南阳坑畔，2019 年 4 月由原南阳村、驮了村、罗山村三个村合并而成。南阳原是南林乡乡政府驻地，自隋至清先后为永嘉县、安固县、瑞安县义翔乡属地。村在山南的一片垟边上，故称南阳（"阳"的意思即为"垟"）。在南阳，刘氏是大姓。据刘氏族谱记载，五十五都刘氏的祖先刘照公是帝师王佐刘基公同族的弟弟，刘照公于宋末元初从处州青田白岩徙居瑞安上源，即今南阳金岙。可见南阳村历史久远。

在刘阿公的带领下，我们来到金岙路旁，这条路离阿公家有一百米左右。阿公指着紧挨着路坎的一根石柱说："小时候，我就听老一辈人说，每到夜晚，在这一根石柱的右侧小河沟的位置就会出现一道水幻化成的屏障。"因为有这一道屏障，夜里，外村的人就进不来了，所以这一带住户都能平安地生活着，从未遇到什么匪患。我正沉浸在神奇的故事里还未走出来，阿公又跟我讲起了石牛的故事。以前，离南阳村五里路远的西山村一带种了很多麦子，可是每到麦子收割的季

石牛

节，就会被不知名的野兽吃掉。为了查明真相，一日夜晚，农户们躲藏在麦田里，大伙儿手上都拿着一团泥巴，屏住呼吸，生怕抓不到野兽。等啊等，突然，麦田里传来一阵窸窸窣窣的声音，大家按照原先商量好的对策，一齐向声音来源的方向丢泥巴。"砰"的一声，有人用火铳打中了野兽。只听见麦田里传来"哞哞哞"的惨叫声，大家循着惨叫声一路追赶至南阳村，来到一个陡峭的山崖上，只见一只石牛立在那。此刻，借着初升的日光，人们看到石牛身上沾满了泥巴，大家认定就是这石牛在作怪。石牛见被人识破了秘密，有些慌张，仓皇中跌到了崖下，不能动弹，之后，被愤怒的西山村民砍去了牛头。说着这个故事的时候，阿公已经把我们带到了村口的水池旁，水池里面立着一个孩童骑牛的石像。他指着牛的头部说："你看，现在的牛头是刚做上去的，被砍去的牛头下面还有很深的伤痕，我小时候特意去看过，牛脖子下面那个伤口，传说那就是被火铳打中的地方。"我仔细看着牛头，牛头和牛脖子衔接处的颜色新旧分明，估计眼前这个牛头是后来新做的。由于石牛处于水池深处，无法看清楚牛脖子下方的伤口，然而这个传说却为村庄增添了几分神秘色彩，我听得津津有味。

在南阳溪上有一座新建的廊桥，老人告诉我，原本在廊桥另一头的石块上立着一只石狗，后来在造廊桥的时候被造桥的人不小心打掉了。在一旁的村支书突然想起什么事情："怪不得，那一天村子里有人叫着，石狗被打掉了，石狗被打掉了，原来真被打掉了。"因为石狗立在南阳溪岩石上，每次溪水碰到岩上就会倒流回去，所以在南阳村的习俗中，石狗曾被当作"吉祥物""门神"。讲到这里，阿公出神地望着远方的一座小山，过了一会儿，他转过身对我们讲，传说此山因山形有头有尾有脊背，在太阳的光照下，脊背闪闪发光，好似一条披金的鲤鱼，所以叫鲤鱼山。珊溪一共有两条鲤鱼，一条是在街尾村的鲤鱼山，那条是雄的；一条就在南阳，南阳这条是雌的。两条鲤鱼白天被隔在两处，好似月亮和太阳，无法相会，只有到了夜间，飞云江边的那条雄鲤鱼就会复活，缓缓地往南阳这边游，这样雌雄两条鱼才能在夜间相会，天快亮了，雄鲤鱼又会游回原来的地方。多么美丽动人的一个传说，瞬间打动了我。我望着那山，思绪万千，久久不曾离去。阿公说，后来南阳这条鲤鱼被一外地道士打掉了鱼头，所以南阳村也有鲤鱼的故事就很少有人知道了。听说，飞云江边垟头那条鲤鱼在造公路的时候也被火炮打去了双眼。此后，两条鱼就不能再相见了。我在想，要是没有后来，该多好。突然想起由周深深情演唱的电影《大鱼海棠》的主题曲："海浪无声将夜幕深深淹没，漫过天空尽头的角落，大鱼在梦境的缝隙里游过，凝望你沉睡的轮廓……"阿公说的这个故事深深地触动了我。如果这是一个完整的故事，那应该也是绝美的传说，将永远在山的那边传唱。

相传南阳曾有一位先生，住在文昌阁。先生有一支神笔。每次要是哪家学子准备参加考试了，村里人都要领着自家孩子去找这一位先生，先生就会拿着这支笔在孩子眉间轻点，那么孩子们就能考出自己满意的成绩，很多外村的人也会慕名而来。先生是否真有神笔，我们无从考证，但南阳确实是一个人才辈出的地方。据《文成乡土志》记载，刘运许，南阳人，字笔奇，清光绪时中武举人；刘志浮，南阳人，字叔玉，辛亥革命时，参加攻打铁宝山有功，获赠匾额一方，今尚存。

走到这里，又有一行人提着杨梅篮从不远处走来，热情地问刘阿公和我："要吃吗？可甜了，多拿点。"我吞咽着口水，不好意思拿，还没点头，手里已经被塞了满满的杨梅。我吃着杨梅，丰足的浆汁四溅于唇舌，望着远山，心想：初夏的杨梅，那是人间的至味；那古老的传说，是一段历史，也是一层眷念，它们或优美，或凄婉，或悲壮，或神奇，这些传说承载着南阳人的乡愁，传递着家乡的记忆，"美味"亦如这杨梅。杨梅红了，不妨去那里走走。

千秋坑的"前世今生"

　　松坑原名"千秋坑"。新中国成立之初，文成县的党总支部设在松根，分支部设在千秋坑，故称千秋坑为"松坑"。村子位于文成县南面，东与文成县珊溪镇仰山相连，西南与泰顺县南浦溪镇交界，北与珊溪水库相邻，距离镇政府驻地21公里，是珊溪镇最远的一个村庄。进入村庄，映入眼帘的是满山的绿意，还有村口残存的泥墙，远离尘嚣的古朴和静谧，让我觉得自己像一个冒失的闯入者。

　　车子行驶至村庄内，首先看见的是一条宽阔的溪坑穿村蜿蜒而过，当地人叫这条坑为"千秋坑"，距离珊溪水库1公里。"千秋坑"是飞云江上游的一条支流，全长10余公里，发源于平溪坳，流经松源、松坑、松根、垟青、下段垟头、东湾坑，注入飞云江。20世纪90年代建设的珊溪水库淹没了东湾坑、下段垟头、垟青和松根的部分区域。《文成乡土志》载，"千秋坑"流经松坑时全长4公里多，两岸平坦，适合耕作居住。明代初期，梅氏从景宁大漈迁徙至此开基，此地原名茜洲，后因该名称拗口而俗称千秋坑村，曾属泰顺县，于1946年划归文成县时,始改称仰山乡松坑村,由桥头、三座屋、下处、水碓垄、新屋、双坑源、箬阳岭脚、外端、岭脚、下叶七、清潭面等 11 个自然村组成。至 2011 年撤销仰山乡,该乡归属于珊溪镇。

千秋坑内一群鸭子在水里时而上游,时而下游,悠闲自得地追逐着、嬉戏着。定睛一看,坑内还有东西在跳跃,激起一圈一圈水晕,是鱼,见有人来,它们又躲进了水里,再去寻时,已经不见了踪影。村内的房屋临溪而建,村民们枕水而眠,一条村道沿河延伸,村道旁几棵古枫在山风的吹拂下一个劲地飘舞,地上已经集聚了金黄的一片。一棵古枫长得有些妖娆,部分枝干直接倾斜于水面,落叶飘零,秋风萧瑟,叶子的黄、水的绿、天空的蓝、山的静,让这里成了一道无法用言语形容的风景线,一切都是那么静谧。视野越过连片的稻茬,只见一位老人挑着一担水,身后跟着缓慢前行的白发老婆婆,他们正往家的方向走去。

松坑村的村史与千秋坑有着密不可分的关系。古时自东湾坑飞云江埠头至桂山乡的平溪坳,沿坑边有一条约 1.5 米宽的石头路,至松坑村时有多条分路连接,那些分路保存尚好的有千秋岭、朝头阳岭、箬阳岭、平溪坳岭,岭上有枫树和亭子可以纳凉,是旧时通商必经之地,20 世纪 70 年代还设有中转商店"黄公子店"。

松坑村共有 14 个姓氏,以陈姓、林姓为众。村内曾有好几座清代木质建筑,现在大都已经破败。这个村形似峡谷长廊,平缓之处最宽不过千米,而最窄处仅百余米,农作物以水稻田为主。村民原以田间耕作为业,间有做篾、做木、弹棉花、打铁等手工业者。现留在家

千秋桥

中的村民较少，大都外出打工了。听村干部说，村里老党员和群众曾参加过攻打炮台解放珊溪的行动，听后，不禁让人肃然起敬。

同溪水和村庄相伴的是一座石拱桥，当地人叫"千秋桥"。桥下是两个弧形的拱洞，最奇特的是桥墩，利用天然岩石做成，结构独特，造型美观。桥于1933年冬由村民集资建造。据当地老人回忆，他们很小的时候就有这座桥了，最初桥的栏杆是由泥土所砌的，他们孩童时期还在栏杆上追逐嬉戏。现今，桥和石碑保存完好，是该村的地标性建筑，也是文成县的桥梁文物。

关于"千秋桥"的建立还有一段故事。因为洪水的原因，村民通

千秋桥石碑

行困难。1924 年春，千秋坑村的陈子来和雅坪村的程守梯慷慨解囊，率先发起建桥行动，发动附近群众助工捐资。在"黄公子店"上游，以坑中央的大石头为桥墩，历时半年建成了一座两孔的石拱桥，定名为"千秋桥"。桥长 80 米，宽 6 米，高 9 米，横跨在千秋坑上。

老人们回忆，以前的松坑（通公路之前），人来人往非常热闹，瑞安上来的船要经过东湾坑（东湾坑在建设珊溪水库时被水淹没），人们从东湾坑埠头或者珊溪埠头将货物一路挑上来，有带鱼、虾米……一些海鲜和生活用品都会经过松坑，村里人就会顺路去买。当时村内还开着碾米店、索面店等一些小店。村内还有四个水碓，因为水碓多，

千秋桥桥面

当地一个自然村就叫水碓寮，是毛氏、何氏居住的地方。村民利用地理优势在溪坑上筑一道堤坝，引溪坑水制作水车，用水动力代替人力。水碓主要用于舂米、捣茶籽。因为水碓村里办起了榨油厂，方圆几十里的山茶籽、桐籽等都被运到那里榨油，生意非常兴旺，直到20世纪80年代通公路，榨油厂才慢慢衰退下来。村内还办有碗窑，遗址位于碗剩山。碗剩山西面是飞云江支流松坑溪，东面背靠骑峰岗，南侧为马坳山，北侧为三面岩。那是个明代的碗窑，占地面积约600平方米，现已成为一片杂木野草丛生的荒废之地，周边还有竹林、庄稼地，至今地面仍散布着很多白、青碗瓷片。窑具有垫饼、圆筒形匣体。

有人发现一条窑床中还有完整的碗，该碗窑址的发现丰富了文成的窑址资料。

古时为跨千秋坑，建有多条汀步，但它们都容易被洪水损坏。每逢洪水，行人只能望而却步。村内还留存着一条清代建造的汀步，是一座南北走向的堤梁桥（俗称汀步），松坑水从东往西流，原有石汀45步，除高低两块由平整条石砌成（可供两人并行）之外，其他都是由单块平整条石砌筑。每步相距0.26米，总长24.8米，现仅剩36步石汀，都是由单块平整条石砌成。为保护石汀，河床、河滩用卵石紧密砌筑。该汀步是旧时文成通往泰顺的交通要道，是文成为数不多保存完好的堤梁桥，可惜，其在2015年也被洪水冲毁，现在虽被重建，但总觉得少了一种味道。

见证松坑历史的还有一座明万历年间建造的梅氏宗祠，宗祠位于千秋坑边，坑边种植三棵枫树，树身三人都抱不过来。在宗祠里曾办过启蒙学堂，后曾几度搬迁到村民家中。新中国成立初期，仙现、仙多陈氏兄弟发动群众，在梅氏宗祠的左右首扩建了四个教室，并在入口处建了一个小戏台。据村里一位69岁的老人回忆，他自己七八岁的时候还在祠堂里上过学呢，那时候学生有100多人，祠堂里孩子们琅琅的读书声响彻大山。后来学生数越来越多，但由祠堂改建的教室成了危房。1988年冬，由政府牵头重新选址建设松坑完小，因为没有通村公路，无法用车运输建筑材料，得通过文泰公路运到毛山喇叭口再用肩挑下来。当时，松坑村要求在仰山乡校读书的学生利用每天下午放学回家时间来搬运砖块，高年级小学生每人5块，初中生每人10

块，并发动村民投工投劳，花了一年多时间终于在千秋岭脚建起了完小的校舍。1995 年撤销完小后，该小学楼房转为村办公楼。

站在千秋二桥头向南望去，有两座山，当地人分别叫它们为"旗门坑"和"将军崖"，这两山的名字也是有来源的。水口下有个山形似"马腰"，"马腰"后面的山坑峡有三片大崖壁，形似骑马大将背上插着的三面大旗，但缺少大将，故称"旗门坑"。站在"马腰"向东望双坑源后面的那座大山中间，有块巨大的岩石，像是一位未跨上马鞍的武威将军，故将该岩石称为"将军崖"。

高山下是一片开阔的柚子园，柚子挂满枝头，就像一个个大苹果，惹人喜爱。村支书很是热情，低头钻进果园，摘了三个柚子送我，细看外皮有些粗糙，他笑着说："好几个月没下雨了，这果子不好看，你不要介意才好。"我剥开一个，满手都是柚子的清香，轻轻撕开柚子的表皮，果肉晶莹，颗粒饱满，吃起来酸酸甜甜。我在想，这一路走来，听来，发觉松坑的历史也如这柚子的味道一般。离开前，我忍不住回望这田园、古桥、远山的落日，发现一切都显得那么宁静祥和，似乎在落日下，它们正在静静地诉说着"千秋坑"的"前世今生"。

石庙的传说

　　新建村，珊溪人更爱称呼其为"王宅"，特别是当地上了年岁的老人，只知"王宅"，而不知"新建"，在我的记忆当中，长辈们也是以"王宅"来唤地名的。据相关史料记载，新建村域在明、清时属义翔乡五十五都。原叫"王宅大队"，为王姓人先住，故名。1981年改名"新建"。王宅历史悠久，住民多王姓，其始祖万三于明初由永嘉迁居王宅，自始祖至"孟"字行，已传21代。

　　在我的童年记忆中，王宅有一个山洞，洞内石头颇具特色，不知哪来的山泉，使得洞内石壁上的水滴不断，"滴答咚滴答咚……"水滴声在地面像是得到了回音，在洞内显得特别清晰。当地人叫此山洞为"鬼洞岩"，也叫"白云庵"。洞深丈五，宽二丈，高丈余。每年过年，都有上百号香客来此烧香求缘。记得幼时，每年过节，外婆和母亲都要带着我们小孩翻山越岭地走一次，好像这样做了，我们才能平安长大、智慧大开、学业高升。但于我们而言，祭拜完的水果，成了对我们爬山的最大"犒赏"。对于王宅的另一个记忆就是我在李井小学上学时，母亲将我寄养在王宅的大姨家，弯弯绕绕的小巷里随处可见造型古朴的木质民居。放学后，我就和小伙伴们在这些巷子里追逐。现在再来看这些街巷，发现不少古民居只剩下残垣断壁，土木结构的房屋大都被钢筋水泥建造成的新房所替代，唯一未被替代的是村边缓缓流淌的溪流。

当地人叫这条溪为门前坑，溪水清浅，溪旁不远处有一庙宇，庙内供奉着徐三公。门口有一个亭子，亭子边上有一块粗糙的残石。90 岁的王邦柱老人告诉我，这个叫亲娘石。关于这条残石的来历还有一个故事，说是条石原本是徐三公用于建庙宇的，因被村中小狗撒过

亲娘石

石庙一角

石庙

尿，所以才弃之不用。虽历经岁月洗涤，但这块条石仍被保存下来了。一日，条石被一村民扔到河里，断成数截，王邦柱老人就将残石捡拾回来一段。"那个人被我骂了一顿，先辈的东西怎么能扔。"说起这个事情来，老人还是有些气愤。

相传徐三公有三个兄弟分别取名为方金、方银、方玉。徐三公在家排名老三，泰顺仙居人，随母葛氏移居瑞邑西区五十五都风车湾（今李井新建村水口）。因行善施济，治病救人，护国佑民，经朝廷三次敕封为徐三侯王。后人为了纪念这位圣人，建庙把他当作地主公来朝拜，当时在永乐二年（1404）所建的庙宇是土木结构，但每隔三年就会被神火烧掉，后来万历三年（1575）秋重建庙宇为石殿。

关于石庙的由来，至今还流传着一个故事。永乐元年（1403）十二月，新建村（原王宅）王氏大房斌一公下雪天在外牧牛，他看到其他地方都被大雪覆盖了，只有徐三公殿址那里一块没有积雪，而且地面上还冒着热气，于是斌一公就把那块地插了竹签作为记号，想做寿坟，但后来徐三公把竹签拔掉后插在殿后 25 米外处，所以，王氏大房祖坟现在殿后。在建石殿时，江南打石老师傅来村里，站在大樟树下问王家："你们这里有个姓徐的老头叫我来建石殿，工具篮都已叫他挑来了，他住在何处？"因王家没有姓徐的人，大家一想有可能就是徐三公，刚要说，打石工具篮就从大樟树上掉了下来。至今，徐三公建石庙的故事还在口口相传。

关于神火烧庙，至今珊溪地方上还流传着徐三公和黄德高斗法的故事。徐三公本名叫徐方玉，是明代开国名将徐达之义子，精通医术。黄德高，原住珊溪李井平坑村龙潭头，武道士出身，横行乡里，称霸一方，他学有庐山法术，据史书记载有大法神头、穿洋透海黄九师公之称。据民间传说，在 600 年前，江南（今平阳、龙港、苍南一带）遇百年罕见大旱，农民有种无收，当地乡绅请黄德高去施法求雨。问黄德高要多少报酬，黄德高说："报酬好说，如果雨求不来，分文不要；如果求得雨来，只要一龙角（龙角是法器）米就行了。"于是，黄德高与乡绅约好日期前往求雨，步行途经李井风车湾（今泰文公路边）徐三公母亲的茅草屋茶亭（为来往客人免费供应凉茶的地方）。此时，徐母一边打草鞋卖给水陆过路的客商，以维持日常生计，一边给水路上的撑船人施茶。黄德高上前说："草鞋耳朵断掉了，帮我换一下。"

于是徐母就用络麻给他换好草鞋耳朵。黄德高看了一眼草鞋说："络麻不行，不方便走远路。"徐母又用芋麻替换络麻。黄德高瞅了一眼草鞋说："不行不行，这肯定不牢。"最后徐母用红头绳给他的草鞋做了耳朵，黄德高才满意地穿起草鞋离开。后来徐三公外出回来，徐母讲起了此事，徐三公认为，黄德高的行为是故意刁难母亲，心想一定要好好教训一下黄德高。

黄德高去江南求雨成功，按照当时约定工资是一龙角大米，必须兑现。但黄德高故意对龙角施了法术，三个江南村民挑了几十担米倒入龙角里，发现龙角怎么也装不满，原来米通过龙角流到了黄家的米桶和谷仓。直到黄德高耳旁响起黄母的声音——"够了，够了，不要了，家里都没有地方放米啦！谷仓全部都装满了。"这时，龙角才停止流米。

据说徐三公学有茅山六灵点算之术，知道黄德高这次去江南发了不义之财。于是，他身穿一件纱衣，化作一头老虎在风车湾滴水岩，坐在那里等候黄德高的到来。黄德高从江南步行至毛岭头（今巨屿镇翻沙站），一看是徐三公化作老虎来找他的麻烦，即刻就化作红鲤鱼，想从风车湾潭水里游走。徐三公立即赶到李井村买了一桶酱药（毒鱼用），倒入尾滩水流中。化作鲤鱼的黄德高中了毒，肚子发痛，强忍疼痛回了家。他心想，必须施法洗肠，并再三吩咐母亲："今天任何客人来家一律不要接待。"于是，他便在家施法封闭门窗，破腹洗肠。徐三公得知后，立即化作黄德高舅舅的模样去他家。徐三公问黄母："今天阿高在家吗？"黄母想，自己的亲兄弟来就老实讲了："阿高在房间里施法洗肠，任何人也不可见。"徐三公说："那你把花针拿来把窗户白纸刺个洞，给我看一下总可以吧？"黄母想自己兄弟都这么讲了，那就刺吧，于是就用花针在纸窗户上刺了一个洞。瞬时，徐三公化作小飞虫，顺着小洞，飞入黄德高的房间，随后，又变作一只白鹤，用长喙把黄德高的肚肠往外拖。黄德高自知不妙，心想这次必死无疑了，于是就在临死前嘱咐家人，他死后要给他脚着铁犁头，口含红火炭。快到闭棺时，徐三公算到黄德高会报复自己，于是又化作其舅舅模样前去："脚怎么能穿真犁头呢，用纸剪的犁头就可以了，口怎么能含红火炭呢，用黑火炭就可以了，否则着火了，连棺材和躺在里面的人都会被烧掉。"众人听舅舅讲得有理，就照做了。此后每隔三年，徐三公的庙宇就会被神火烧掉，相传是黄德高为了报复徐三公。

黄德高死后，其母看摆在黄德高的法坦祖师位上净水瓶中已生有二尾黑虫，即把净水瓶里的水倒掉了，当日即电闪雷鸣，山洪暴发，山崩地裂，黄德高的住房全部被大水冲走了，成为现在李井平坑村的龙潭。相传，净水瓶中实际是二尾黑龙。

老人讲完了故事，而我却还意犹未尽，感觉自己不仅是在听一段民间故事，更是在品一出人生传奇。我不禁感叹，神奇有趣的古老传说，好似时光长河中的点点星光，共同承载着一段源远流长的历史。

遗落的世外桃源

　　谈起南田，人们更多地会想到武阳、九都，却很难想到隐匿于深山中的黄寮村。黄寮村名取黄垟坑、黄曲寮村名各一字而得，其西邻景宁，北接青田，地处偏远。村内林木茂盛，古树参天，至今屹立着数棵有着五百多年树龄的红豆杉、樟树等古树。

古民居

车子行驶在弯弯曲曲的狭窄山路上，清风古树、鸟鸣山幽，置身其中，仿佛走进了一个被遗落的秘境。黄寮辖地从唐睿宗景云二年（711）至民国三十六年（1947）属青田县，1948年1月划归文成县管辖，属南田乡。1949年新中国成立，乡名沿用了下来。2019年经行政村撤并，现在的黄寮由黄山、富头、黄垟坑、黄曲寮等四个自然村组成。

黄寮境域旧时是一座荒芜的山丘，后经先辈们垦荒种地，才成了一处庄稼苗壮、人情丰美的村落。黄寮住有吴氏、廖氏、李氏、张氏等姓氏的村民，吴氏始祖法玉于元时由青田北山迁居黄曲寮，自始迁祖至今已传23代；徐氏始祖福锡于元初由张坳分居黄垟坑，自始迁祖至今已传27代。村内的自然村的名字各有由来，想来别有一番乐趣：黄山原名叫"旺山"，是先住此的村民取"兴旺繁荣"之意而得，后改"黄山"；富头，原叫"苦头"，在古时人们生活很苦，故此得名，后改为富头，也有说村里有山头像蛇头，取个吉利语叫"富头"；黄曲寮，吴姓住此先搭草寮，人才兴旺，取名"旺窟寮"，后改黄曲寮。

这里的古民居保存完好，大多依山而筑、错落有致，整体建筑风貌古朴、幽静，散发着时光的古韵之美。由于乡镇撤并，村民大都外迁，很多十几间相连成排的古民居空无一人，空旷的长廊显得越发寂静。我独自坐在长廊的一隅，不禁深思：古宅、长廊从前应该很热闹的吧，原来万物也和世间行走的凡人般，需要经历涨落，在热闹或寂寥的时光中承受变迁。我们从村民那里了解到，郑寮自然村（现已被撤并进黄曲寮自然村）最初住着两个大户，那是这个村最早搬进来的两户人

古民居

家，后来其中一户老屋被大火吞噬，全家老小葬身在火海中，现如今，只留下残缺的门槛和模糊不清的石刻，还诉说着它那如尘烟般的历史。沿着错落有致的青石路，穿过苍翠的林木，我们来到另一座古宅。古宅以木质结构为主，是大型合院式民居，院外建有围墙，设有三个门台，其中一个门台上写有"德长增高"四个字。整个建筑堪称奢华，但部分建筑已破败坍塌，不禁令人唏嘘：古宅最初的主人是谁？是什么样的家境？为什么要把宅子卖了？可这些故事当地人也不清楚，只知道整座古宅是李姓先祖从外村一大户人家手里买来的，再修建而成。相传"德长增高"这四个字还有段故事：当时有十来个红军战士到此开辟革命根据地，就暂住在这座古宅里。后因敌军来了，红军和敌军在郑寮坳门外打了一仗，战斗十分激烈，有红军在此战中牺牲。坳门外石壁上刻有红军头像，现在村民把此坳门叫作"亲人头"。战后红军就移驻到离郑寮自然村大约十几里路，并在与景宁交界的山上开辟革命根据地（现在就把他们住过的山叫"红军寮"），后来这支队伍规模发展至100多人。据当地村民回忆，郑寮村民皆自发给红军送衣、送信、筹粮、送草药……留下了一段段军民鱼水情的感人故事。有一个连长对这份情谊感触颇深，便在古宅的门台上留下"德长增高"四个亲笔题字；古宅楼上的木板上还留下一段红军书写的字迹，随着时间

门台

红军留下
的字迹

的推移，墨痕虽已淡化，但字迹仍然十分清晰。这些字迹好似"密码"，无声地向我们诉说着红色星火的故事。

由于人烟稀少，交通不便，这里依旧保留着自然淳朴的生活气息，村中要是有人盖房子、割稻子，大伙都会自发去帮忙，帮好这家帮那家。走进村民的宅子，发现家家饭桌下都放着一个火盆，火盆让我想起第一次来黄曲寮村的时光，那时是个冬天，树梢和山涧上还有残雪，我和驻村干部一起下村，一进门就看到村民家中热腾腾的火锅，我心里别是一番温暖。落座后，桌底有一阵热气往裤缝里钻，一看，桌子底下还放着一盆炭火，冬天的快乐莫过于此——火锅和木炭的热气缭绕的温暖充溢着这里的每一个角落。冬日的青菜经过霜期，特别甘甜，桌上的笋干、酸菜、蘑菇干都是主人自己种、自己加工的。"红米饭，紫莼羹，自是无愁过一生"，这是一代帝师刘基向往的生活，更是很多现代人向往的生活。这种淳朴让人学会了安静，这就是为什么那么多人喜欢寻找"农家乐"了，因为颠簸而疲倦的心灵也需要停靠的港湾。

在黄曲寮的附近有一山峡名为炉西峡，那里是一片绿浪蜿蜒的森林之海，层叠的山地之间交错生长着古枫香、马尾松、苦槠、樟树……微风凉凉，秋意满满，缤纷的落叶应着鸟鸣和流水声，舞在林荫小道上，似乎正在这森林中窸窸窣窣地述说着季节的故事。

炉西峡石壁高耸，呈群状分布，具有"炉西第一壁"之称的石壁，犹如天际遗落的巨石直插云霄，高低落差达数百米，隐现于满山浓绿之中，让人叹为观止。位于黄石坑内的两侧山体几乎是笔直相向而立

炉西峡（南田镇供图）

的。从两石壁之间的缝隙望去，远处的景色好似被截在画框里，抬头仰望，蔚蓝的天空只剩下一线——此处名"天门"。走出"天门"，外面就是辽阔的森林，大有"两岸绝壁一线天，瀑布彩虹舞山涧"之境。

炉西峡最美的就数潭了，那是泛着绿的潭，微微的波纹随着风往四周漾开、漾开，你的心也就沉在潭里。有人过于冲动了，一头就跃进水中，搅碎了一波的绿意，漾开了一池的笑语。这里的潭很多，有龙踞潭、九龙潭、风泉潭等等。

这里还住着一群精灵——成群的短尾猴在林间跳跃，颤得林子"呼呼"地响；躲藏在林间的不仅有黑头红脸、长着一身花斑羽毛的黄腹角雉，还有转着黑宝石眼睛的黄麂，它的身子轻灵得很，活像小山鹿；

水里住着娃娃鱼，那是一些不安分的小家伙，时而会溜到岸上游玩，时而又放声如婴儿般啼哭。

在炉西峡北段，有几个由溪水冲击而成的天然溶洞，相传溶洞下的潭水中曾有蛟龙出没，占据着这口深潭，当地的村民都不敢前来。这几个溶洞又名红军洞。历任红七军团政治部主任，中共浙江省委书记，中共中央华中局委员，中共中央闽浙赣特派员等职的刘英，曾带部队驻此开辟革命根据地。这个事当地大多数村民都有知晓。

突然，我想起广贤叔讲的一个关于刘基后裔的故事，说是明朝中期，皇上及大臣们都很奇怪，为什么满朝文武百官，却没有刘氏官员，这么有才能的刘基，他的后裔去了哪里？于是皇上就派人暗访去找寻刘基的后裔，可是来到南田，官员走访了各村，却找不到一个刘基后裔。据说这是刘氏祖上的教诲：如果有人问起，自己是否刘基后裔，就要果断否认，否则就会招来杀身之祸。皇上派来的官员暗访了数日毫无结果，正在失望之余，碰到一个手持长竿正在放鸭子的农夫，穿着便装的官员就随口问了一下："这附近有刘基的后裔吗？"农夫刘瑜公漫不经心地看了一眼此人，回答说："有啊，刘基就是我爷爷啊，你问这个干吗？"官员非常高兴，二话不说就挥手示意身后的士兵将刘瑜公五花大绑，并搬上马背，直奔京城。皇上见了刘瑜公，甚是高兴，于是就关切地问道："爱卿目前在哪里就职？"刘瑜公见到圣上并不紧张，不紧不慢地回答："手握长枪，掌管万千兵马（手握长竿散养鸭子）。"皇上想想果然是栋梁之材，接着问："那，家母家父呢？""骑马弹琴管四绳（省）。"（刘瑜公的父母亲在家里是骑在长凳上制作草鞋的，因为草鞋要用四根绳子进行编织，刘瑜公只是形象地描述了场景）可是皇上听了刘瑜公的介绍，更是欢喜，心想，刘基后裔果真不凡啊："那，爱卿，想当什么官？""都的。"（南田方言发音，随便的意思）这音让皇上听成了"都督"，皇上说："好，就都督！"我想起这个故事，还是不禁发笑。没想到时光飞逝，八年前给我讲这个故事的广贤叔也已退休，真的是"一程山水一程人，一段时光一段缘"。

一座屹立在石壁上的庙宇映入眼帘，可高耸得近乎笔直的石阶，令人晕眩，爬上这个石梯，上面就是五谷峰顶。原本这里没有石阶，而是一座很高很大的岩石，人们叫这个岩石为五谷仙岩，岩石上有一座古庙，远望犹如一朵隔世的云彩，飘忽于奇山绿树之间。想起我第一次爬，因惊恐于其攀岩路径的陡峭，爬至一半，又折了回来，因为越往上爬，坡度就越近乎80度，回头让人有种眩晕的感觉，我害怕这种"视觉重量"产生的"即将跌落"感，对于岩上的古庙我只能远观了，甚是有点暗暗痛恨自己的无能。据说这庙始建于明朝，20世纪六七十年代被毁，而后又经过村里人集资才修复成现在的模样。传说这岩上曾经飞过一个香炉，因为岩上日日生烟，生活在这里的村民就觉得很惊奇，就提议爬上山峰去一睹奇观，于是就有人沿着石壁上的小径往上攀爬，竟发现了一个刻有"五谷仙"字迹的香炉。因为这一传说加上庙宇的"灵验"，所以每逢过节就会吸引很多香客前来慕名拜祭。这里的村支委成员还告诉我，这座岩石一面一个样，背面看像猴子摘橘，侧面看像是贪吃的狮子见到猎物流涎。传说石壁上曾溢有清泉，人们会上去烧香拜佛洗脸，以祈求目明心净，后来因为有一大

五谷峰石阶

户人家来这里杀狗祭祀，而后这清泉就消失了，为此周边村民都抱怨
这户人家：用什么祭祀不好，偏偏杀狗祭祀，惹得神明发怒。

这次因为石壁上建了石阶，虽然心里万般害怕，但在朋友的鼓励
下，我克服了心中的恐惧，亦步亦趋地登上石阶。当我站在五谷峰顶时，
心中一阵喜悦，大有"无限风光在险峰"的感触，居高临下，视野一
片开阔，隐藏在峡谷中的古民居一览无余，苍翠的远山层峦叠翠。

不一会儿，天空暗了下来，远处的山和树被迷蒙的雨雾笼罩了，
缥缈如仙境，若隐若现，我不禁感叹：黄寮这个古村是被遗落了，还
是被隐藏了！

梦与雾

喜欢一个地方，总会是因为那里住着一个人。与你之间虽有700多年的时间跨度，但人性的相通却可以让人忘却时间。其实，我们都是"你"《写情集》诗里繁华一瞬的红尘过客。

每回去武阳，我脚步的方向总会忍不住朝着"你"生活的地方慢慢靠近。在春意初染的武阳，或是在大雪纷飞的武阳，徜徉于青石板路上，眼前是凝固的诗篇，所有的脚步都慢了，一瞬间，仿佛隔世。武阳好似一首凝固的诗，古民居、古道、古街都在书写诗句，青山绿水是韵脚，走着走着，我们也成了诗人……

还记得初次被分配到南田时，镇里林海斌书记无意间问我：南田什么地方好？我脱口而出："我喜欢武阳。"林书记打趣地说："那让你在武阳驻村好了。"虽是无意的交谈，却给了我几多向往。

虽说没有真的被安排在武阳驻村，但心已经住在那里了，特别是武阳书院，我发现自己可以坐在那里发呆两个多小时。我不管这里曾经是不是《明朝军师》的拍摄地，但它给我的感觉是真实的：院落旁

深秋的武阳书院

丛生的花草，水中游荡的鱼儿，铺于地面的杂乱的鹅卵石，书院里灰色的砖瓦，还有那张黑洞洞的古色古韵的床。床像个小房子，上面有棚顶，棚顶外犹如屋檐一般，分成三进，雕琢着各色人物风情图案，往这小房子里看，还有一个小廊庑，把这么有韵味的床安放在这样的情境里，多少有点神秘。记得第一次文联带我来这采风，那日中午整个武阳书院就我一个人，仿佛整个书院属于我一般。七月的武阳，外面的日头晒得头发晕，可是在这，在与帝师最"亲近"的地方，风像是从溪水里来的一般，特别清凉。最爱刘基的"蝴蝶不知身是梦，飞上寒枝"。也许元朝当时朝廷的形势让他觉得心冷，他才躲进这武阳

刘基故居

书院,奋笔疾书《郁离子》。刘基与宋濂、高启并称"明初诗文三大家"。《明史》载道:刘基"所为文章,气昌而奇,与宋濂并为一代之宗"。在民间还流传着"上有诸葛孔明,下有刘基伯温""三分天下诸葛亮,一统江山刘伯温"等典故。

关于武阳的由来,有两种说法。一种说法是关于"一梦"的,相传,刘基五世祖刘集,面对着元朝时期的兵荒马乱,整日冥思苦想:我该怎样带着妻儿与老母脱离这样的生活呢?一日午休时候,刘集昏昏欲睡,竟飘飘然做起梦来:跟随着飞鸟,走过一条狭窄的蜀道,眼前豁然展开一片绿得耀人眼的青草地,草地上一群群膘肥的山羊在"咩咩"

对吟，时而还能听到不远处的清泉叮咚，草地中间有一位道骨仙风的老人挥舞着牧羊鞭——刘集开心至极，"这就是我的家园，哈哈哈哈，就是这里。"随着羊群的一阵骚动，刘集感觉自己的步子踩空了，忽地从梦中惊醒。

"宝地，宝地啊！夫人，我看到了，我看到了。"刘集欢乐地摇着夫人的肩膀。

夫人很是纳闷："老矣，老矣，还这样孩子气。"

第二天，刘集迫不及待地找当地的"周公"解梦。

解梦人会意地点头道："依先生所言，此地应该是在青田方向，一个叫舞羊的地方就是先生的安身之处，不过此地较偏僻，先生寻此要费点时日。"

刘集随即拜别家人，启程前往青田。向住在青田的人家四处打听舞羊这个地方，可是都说不知，于是乘坐小船，顺流而下，往较远处去寻找，终于在岭根往南田方向，找到一个名为武阳（舞羊）的村，一看，就是自己梦中的青草地，此后，就举家从丽水搬至武阳。

又有村民说武阳原名"雾洋"，因当地多大雾天气而得名，后因人们的口音变化，逐渐发声为"武阳"，武阳村因而得名。清代戏曲作家韩锡胙就有诗这么写道："陇头水漱云千叠，雾脚风生雨一村。"其实今天的武阳仍保留着当年"云千叠""雾脚风生"的景象，只要碰到稍稍湿润一点的天气，特别是在清晨的时候，雾如升腾的云朵一般缭绕在民居周围，驻足望去，树木、青山、池塘就像从雾里现出一般。等雾气渐渐往后退，整个碧绿的池塘就现出来了，接着是滴绿的凝着

武阳（郑国健摄）

水珠的树木，最后是墨绿的层层叠叠的青山。

据史料记载：元至正十六年（1356）刘基弃官归隐时，年四十五，曾赋还乡诗七首，以记其事。

清时，青田人端木国瑚游南田山时访过刘基旧宅，作诗云："云围石圃万峰稠，水绕平田百涧流。林静四时遗鹤羽，山深五月有羊裘。移家好逐葛仙去，弃世谁从松子游。叹息文成归未得，南阳零落草庐秋。"

走进武阳入口处，首先映入眼帘的是"水口山"，因其山形似乌龟而得名，在当地有"金龟把水口"的说法，按照风水学的说法，就是此处是一块难得的风水宝地。

再往前走，也就是刘基故居的对面，整个山脊叫"笔架山"。笔架是传统的文房用具，散发着浓浓的书香韵味，自南北朝时起就有使用笔架的历史。看，连山都在为武阳作美，怪不得这里出了辅助朱元璋开拓明朝疆土的一代帝师刘伯温。

"笔架山"的各个部位又有不一样的叫法。处于中间的位置，也就是正中间的一个小山墩有一个吉祥的名字，它形如一个小蟠桃，所以叫"寿桃山"。武阳整个地方似有"兵器"的防御能力，有"左弓右剑"的说法："笔架山"接近水口的那一段，因为形似宝剑所以叫"宝剑山"；左边的山形似一张横卧的大弓，给人的感觉就是身着汉服的士兵正用力地拉开弓，迎击来犯的敌人，整个山头散发着阳刚之气。

在武阳水口桥北之武阳堂内，现仍保存着清乾隆二十八年（1763）青田县令竖的石碑一方，刻有"明开国诚意伯刘文成公故里"碑文。武阳水口桥系宋嘉定六年（1213）的建筑，历今逾800年，桥体仍完好，是现今罕见之古桥。武阳堂建于明正德年间，亦为罕有古亭，此亭由刘基第六世孙刘启节所建。刘启节还购置亭田，得到的田租收入专门雇人为过路客人施茶。整个建筑是木质结构，位于垒砌的石块之上，外侧设有过道走廊，走廊连着座椅，供路人休息。至今武阳堂内还有一个火种石，相当于过去的风炉，给过路人热茶和吸旱烟用。沿石阶而上就是正房，处于走廊内侧，该正房连有左右厢房。在以前，尤其是逢年过节的时候，看木偶戏的人可以把整个武阳堂围得水泄不通。堂内廊道左右马厩内分别有清同治十三年（1874）和民国二十七年（1938）所立的两块石碑。清朝所立石碑刻文如下："明嘉靖四年檀

武阳堂

樾主刘启节公，契买余文业山场，坐武阳坑下等处，东至黄茅降坑直上为界、南至柏树坳岩壁为界、西至武阳店后至庙岩为界、北至高岩坑至枫树垮为界，具立四至分明。路旁创造武阳堂供养香灯、广施茶水。并乃田段租数开列于左。同治十二年癸酉岁次菊月谷旦。"

另一块为刘德隅撰写的《重修武阳施茶亭记》，碑高 1.12 米，宽0.6 米，全碑文字 21 行，碑文内容摘录如下："武阳为我始祖文成公产生地，即刘族发祥地也。中贯大路，上通瓯括，下达瑞平。路旁有施茶之亭，为我六世祖启节公于明嘉靖年所创建也。曾闻诸父老云，公当日家仅薄产，捐助斯亭嘉惠行者已在半数之上。方之今世锱铢必较之徒，岂可以道里计哉。民国二十七年冬，芦沟事起，抗战军兴，德隅供职国民政府文官处，疏散还山。见斯亭之局促，年久失修，行将倾圮，加以官商避难山中者接踵而来，实无以容过客之休息。乃商之父老昆弟，拟集资重建。金以为寓报本于慈善，咸表乐助。至于木材则于公助斯亭之后山，不足之数均取于公之三世孙湄公之祭祖，凡谷一百余石。经始于二十八年春，落成于卅一年冬。向之三间两轩前石门之亭，今则前建路廊设槛凳，凭栏可望绿野而舒胸襟；左右建二石门，以壮观瞻而起人思；西设厨房，以避烟火而作长久之计；堂左设公之神位，俾供祭祀，愿世守勿替之。德隅椎鄙，岂敢为文纪实也，惟不能彰先德一二，深自惭愧。过往君子欲访斯地遗闻，可于刘氏谱牒中求之。爰将赞助斯亭之名镌之石，以示后者云尔！"

从碑文中，我们大致了解了重修武阳堂的缘由和经过，武阳堂好似时光隧道般，武阳的历史在这里半隐半现，朦胧中将我带入一个芬芳且遥远的梦境。

沿着石板路继续前行就是"五指山"，又名"五角仙峰"，因形如五指而得名。该山各峰中海拔最高的是中峰，有982米，立于峰巅，犹如纵身云海。要是碰到好天气，感觉那个云就是从指尖流走的，自己腾于云海之上，仿佛有了腾云驾雾的本领，大有曹操的"驾六龙，乘风而行"之豪气。站在山巅，极目望去，景宁、青田皆层峦叠翠尽收眼底，文成山水如画卷般铺展，百丈漈水库平静得犹如一面古镜，映照出"日出千山亮如洗，云来紫气渡若飞"的奇观。

村内有一坟墓名为"天葬坟"，这是刘伯温祖父的坟墓。"天葬坟"地形得天独厚，左青龙，右白虎，前有明堂案山，远有朝山为朱雀，后有靠山作玄武，四灵俱全，水口紧闭不漏。关于"天葬坟"，还有一个故事，说是刘基出生前，武阳来了一个癞头老翁，原本是去地主家乞讨一碗便饭的，可是却被地主用桌上的残羹剩饭相待，老翁拂袖而去，来到刘基父亲刘爚家中，刘爚便将家中唯一的一碗番薯丝饭给了老翁，还让他明日再来。第二日，刘爚不但款待老翁，还用祖传秘方治好了老翁头上的脓包。后来老翁摇身一变，幻化成了白鹤仙师，并指点刘爚将父亲坟墓藏于五角仙山下一块风水宝地，日后刘氏家族必生将相之才。

从武阳堂出发，沿着原先往滩坑水库南岸埠头方向的毛石路走，就到了岭根岭。古道呈南北走向，全程10公里左右，过去人们都是从岭根岭走到埠头坐船去青田的，此岭曾是南田百姓到岭根购物必经之道，只可惜岭根岭埠头现在被"太坑水库"所淹没。据民国三十二年《一勺堂碑记》载："岭根岭为吾邑城乡要道，亦瓯括之通衢，岭长十里，人烟稀少。昔先祖梧岗讳凤炜公感行人之式饮无由，于光绪元年建茶堂五间于岭之巅，并募集田租为常年施茶资金。"在当时，父亲刘爚送儿子刘基出山深造就是从此路出发的。从此，刘基踏上了十年寒窗的求学之路。元至顺四年（1333），23岁的刘基，一举考中进士，开始步入仕途生涯，也从这条路起步的。岭根岭还可以说是智慧路，刘基出山协助朱元璋打天下，也是经过此路。这条路更是刘基仕途多舛时的归乡路。"人生如路，须在荒凉中走出繁华的风景来。"我想岭根岭这条道就是阐明了这一道理。

又是一年芥菜绿

周五，与村主任吴志表通过电话，了解到垟丼村离县城并不远，骑电瓶车就能到达，心里顿感轻松。第二天我就骑上充了一晚上电的电瓶车上路了。跟着导航，我拐进了一条小路，又上了一道坡，抬头一看，这可是一条蜿蜒向上的坡道。开了十来分钟，心里有些不安，于是停车问了路上行人，她告诉我，去垟丼村的路还要绕过好几个大弯。我开始担忧：这辆限速 25 码的电瓶车是否能安全通过这不断延伸的山路。就这样怀着忐忑的心情，我接着赶路。这一条山路如一条绸带般逶迤于群山之间，一缕缕阳光透过路边枝干的缝隙，在地上投下斑驳的影子，春天的风带着嫩芽的清新和桃树、梨树的热情芬芳扑面而来，好不惬意，原先的不安被这一路的好风光取代了。原来只要爬过坡，转过弯，一路向上，就是一道与众不同的风景。

芥菜季

　　垟丼行政村位于凤垟东南山上，由垟丼、驮路弯、火烧垇 3 个自然村组成。据《浙江省文成县地名志》和《文成乡镇志》载：新中国成立初期属金垟乡，1952 年改属横垟乡，1966 年后归双垟。因此地四面环山，中间一片小田垟，形似"丼"字，故名垟丼。位于县城东南。1966 年后经过几次乡镇调整，1992 年 5 月双垟村并入大峃镇，垟丼村为大峃镇行政村之一。

　　在垟丼，最有名的还数这里种植的芥菜。这时候，67 岁的吴开期师傅和他的妻子正忙着切晒芥菜，在阳光的照耀下，绿油油的芥菜散发着一股清香味。据吴师傅介绍，垟丼村的芥菜腌制手艺古已有之，他小时候听爷爷说，以前就有这种手艺，说是从泰顺迁入时就一直保留这种技法。在当地，老百姓把用盐腌制而成的芥菜叫作"菜心"，大峃有些人叫"发菜"，黄坦等地叫"菜梗糖"，珊溪人叫"菜咸"，都是传统常食菜，叫法不一样，制作方法也略有不同。吴师傅晒芥菜有自己的一套方法，他将切碎的菜梗和菜叶分开晒。他告诉我，因为菜叶容易干，而菜梗就不容易晒干，这样做，便于将菜叶及时收取。如果天气好，一天半的时间就可以将芥菜收起，晒太干也不行，至手捏无水渗出为度，那就可以将芥菜用簸箕收起来了。然后一斤菜心加 4—6 里盐（6 里盐相当于一勺盐，方言），用手揉匀，这个盐的分量，也凭个人口感，接着将芥菜盛入小口缸罐内捺实，严封倒置阴凉干净处。随着时间的推移，罐子里的芥菜由绿变黑，用这个方法制作的菜

晒芥菜

心，可久存三年不变质。芥菜甜中泛酸，异香扑鼻，既能单独做成菜点，亦为多种菜食佐料。在珊溪，一些人的做法是将芥菜切碎，放在阳光下晒蔫，然后铺在篾席上，撒上盐，光着脚将芥菜踩实，大都会让男性去踩，之后将芥菜装入袋子里，压上大石块，将汁水压出，最后装进罐子或塑料袋里密封。吴师傅告诉我，垟井村芥菜腌制不压汁，为的是保留芥菜原本的味道。每年的二三月，吴师傅家的两千多斤芥菜可以做上两三百斤的菜心或菜梗干。

老人家说，在物资匮乏的年代，一盘菜心汤、一盘炒菜心、一盘炒菜梗，"三碗菜"就是最好的美食了。说起菜心，在一旁切菜梗的老阿姨也忍不住说道："以前煮番薯丝饭的时候，我们顺带就在锅里放一盘菜心梗，你可别说，这蒸起来的菜心梗可好吃了。"想到这，阿姨还忍不住吧嗒着嘴。在当地，菜心是一个百搭的美食，人们可以用它来煮面条，炒肉，煮龙头鱼。这一道道美食，听来都让人垂涎。

在文成有这么个俗语："二月二，芥菜饭，三月三，芥菜不上篮""二月二，吃了芥菜饭不生疥疮"，所以在当地，二月二的时候，人们会煮上一碗芥菜饭。做芥菜饭很简易，但要做出一碗好吃的芥菜饭可不是一件省心事：首先需在烧旺火的锅里倒入猪油，加入五花肉丝，炒香出油后再放入芥菜虾皮，舀进少许盐，菜炒至半软后，倒入米饭，拌匀，再接着翻炒，最后加入香菜和葱花，一碗香喷喷的芥菜饭就可以出锅了。

芥菜不但能炒饭，还能煮粥。在经历了大年三十至正月初八的大鱼大肉等油腻的伙食后，人们更喜欢来一碗清淡的芥菜粥。芥菜粥就是大米和芥菜一起熬煮成的大米粥，粥煮软绵后，加入少许食盐即可，又香又稠，单闻那股香味就能让人垂涎三尺。芥菜粥不但吃起来香，还能清热解毒，深受当地人喜欢。

现在，还没吃上芥菜饭或芥菜粥的你，赶紧抓住芥菜季节的尾巴，炒上或煮上一碗吧。

旧时光

垟井村历史悠久，大都居住着吴氏后裔，据当地老人介绍，吴姓明时就从泰顺库村迁居此处。后查了《文成乡土志》，了解到，垟井先为周、高二姓住，明景泰二年（1451），唐吴畦22世孙伏密由库村分居余垟，周姓迁别处，高姓衰微，清末时尚遗二户为吴姓，自始祖伏密至"学"字行，已传20代。

村内有一茶亭，叫永福堂，从其旁边立着的四块石碑可以看出，茶亭已经过四次修建，一是在清嘉庆时期，二是清同治时期，三是在清光绪元年——这次都是由村民助银修建，而最近一次修建则是在2015年。茶亭设有长凳，从斑驳的石碑所刻的文字知晓，这个茶亭主要是为来往茶堂岭的路人免费提供茶水和休息之处。在过去，茶堂岭是青田、景宁与泰顺、平阳的交通大道，如今仍是附近乡镇行人的要道。

茶亭不远处有一条延伸而上蜿蜒的石阶路，看来这就是当地人说的茶堂岭。村主任告诉我，这条岭不是起点，人们是从猫狸擂岭古道上来的。猫狸擂岭位于屿根、三岔路口交会处，旧为文成、平阳、泰顺三县百姓交通要道，全程从岭脚处到垟丼村约3600米，路面平整，用青石板铺设而成，岭上长了很多古红枫。

相传，很早之前，猫狸擂岭曾出过一个成精的猫狸，时常幻化成男女，祸害百姓，发出的声音也特别吓人，如擂鼓一般，吵得当地百姓日不能安心耕种，夜不能寐，叫苦连天。

当时，山脚下住着一户姓周的人家，主人名叫周一，从江西搬来。周一从小心地善良，爱打抱不平。为了解救百姓于水火，他不顾家人反对，带上盘缠，独自一人去庐山学法。但龙川到庐山路途遥远，需要渡过三十六条河，翻过四十九座山，整整走了六十四日，终于到了庐山脚下。投师学法的人太多了。庐山法师有个规定：谁先到，谁先学，名额满了，就不再收徒。人们个个争先恐后地赶路，生怕误了时间而被拒之门外。

路上一个老人苦苦哀求过路人："公子们行行好，帮我上树摘个桃子吧，我好久没吃东西了。"只见路边长着一棵桃树，树上结满桃子，但大家只顾赶路，不顾老人的哀求，唯有周一停下了脚步，他上树给老人摘了桃子，递给老人。老人说："我牙口不好，你先帮我尝尝桃子甜不甜。"周一放进嘴里一咬，桃子非常甜，瞬间，桃子自己飞入了口中。他很是讶异，再回头看老人，老人已经不见了。因为摘桃，他误了时间，庐山法师门下收徒的名额已满，他只能回家，心想：即使徒手也要和妖怪一斗。

猫狸精听说有人要约自己擂台比武，而且还是一个凡人，心想：这人真是自不量力。于是它欣然应约。

比武那天，猫狸精变成一股黑风飞上台去，它伸出右爪，正想一掌打趴周一。周一见状，举起左手去挡，没想到手里竟然出现一把龙角灵刀，顺手砍掉了猫狸精的爪子。原来，求他帮忙摘桃的老人是庐山法师幻化而成，手中的龙角灵刀就是法师所赠，取得龙角灵刀如虎添翼，斗了三天三夜，那猫狸妖被打得跪地求饶，周一一脚踹去，猫狸妖从岭头一直滚到岭脚，所以后来人们叫这条岭为猫狸擂岭（"擂"，文成方言就是"滚"的意思）。

据《文成乡土志》载："垟丼黄树漈駃猫洞，曾为老虎巢穴，且白昼闯入村中噬人，民国十九年发现老虎过境。"近年来此地发现的野生动物兽类唯有猫狸和黄鼠狼等。垟丼茶堂田产蚌，蚌身大如拳，且肉味鲜美，为山村珍馐。可以看出，曾经的垟井环境优美，物产丰富。

关于老虎噬人的传闻，吴志表主任小时候就有耳闻：相传，一村民被老虎咬住一只脚后，一路被拖到山洞，途中这个被老虎咬住的村民不停喊着：老虎不大，就百来斤，大家快来抓住它。于是村民们循着血迹，一路找寻老虎足迹，谁知，到那虎穴时，洞内只剩下一只人足。听村主任说来此事，着实骇人。猫狸擂岭上长了很多红枫，平均树冠高达 14 米，平均树龄达 318 年。最大树高 30 米，最大树围 4.12 米。村主任告诉我，以前在这条古道上差不多五米就可以看见一棵红枫，小时候，他上学常走这条道，如今，一些红枫已经枯萎，着实让人有些惋惜。

在茶亭的附近有一水井，水井里堆积着些许杂草。路过的村民说，这口井叫龙井，在以前，龙井周围很热闹，来来往往的人都到这里洗衣或者提水。龙井内有一个龙头，那泉水就是从龙头里流出的。我仔细地望着水井，但由于井内淤泥堆积太深，已经很难辨认了。

村庄内有不少用青石和黄泥筑成的民居，现在大都已经荒废。村主任说，整个村庄有户籍人口一千余名，还住在此处的估计就老人和小孩了，大约一百人，其他人都已搬到县城。曾经的热闹似乎已经一去不复返了。

这时，闲坐在路边的一位老人还给我讲起了一个有趣的传说，说是有一天垟井村来了一个鉴宝师傅，他想买一户吴氏人家的牛，一问才知，这户人家养了一头神牛，四只牛蹄下分别有福禄寿喜四个字，如果不是在牛蹄上涂抹上一层草灰，牛蹄上的字是看不出来的。也有人说，那位鉴宝师傅让吴氏人家拉着牛走一圈，后来牛走过的地方土壤特别肥沃，也就成了垟丼村域的地界。在垟丼山五里外向远望，可以看到一块耸立的奇石，有人说那是"仙人负女"，也有人说是"童子牵牛"。古老而神奇的传说让垟丼村成为人杰地灵、让人向往的地方。

沧桑的古树，斑驳的青石路，古老的茶亭……踏着乡道，漫步村庄，感觉时间缓缓流动，2.9 公里之下是车来人往的热闹县城，2.9 公里之上是咫尺间的静谧桃源。

千年树王和百岁坊老人

原本早上是晴的，到了下午天空却像喜怒无常的婴儿的脸，竟然有点呜咽起来了。即使是这样也没能影响我们探访古村庄的心，今天的目的地是黄坦镇稽垟村。据史志记载，该村在明景泰前属瑞安义翔乡五十六都，泰顺设县划属泰顺三都，文成设县后划归文成。

车子刚刚驶入稽垟的时候，首先看到的是重重叠叠耸立的翠山，再往前开，看见一潭发光的溪水，这水似乎是一条透明的丝带，缠绕在这名为"稽阳小村妇"的腰间，这里有亭、有桥、有庙、有故居，我似乎来到了"断桥幽径""隐隐渔村""向晚孤烟"之地。最吸引我的是这里的古树，每一棵都是独具韵味的，古松的身姿可以说是曼妙得恰到好处，有如小云雾一样腾起的，有如花朵般袅娜地开着的，还有些让我时不时地想起了"嫣笑春桃兮，云堆翠髻""纤腰之楚楚兮，回风舞雪""出没花间兮，宜嗔宜喜；徘徊池上兮，若飞若扬"等词句。可是我最喜欢的却是那一棵有着千年风霜的树王——古樟。

古樟的吸引力不仅是它无畏无惧地在这站立了千年，也在于它的

千年古樟

高大，其胸径达 3.34 米，需 13 名小学生拦腰围拢，高 26.7 米，树冠覆盖面积达 1068 平方米。

老樟树的树墩非常厚实，每一根树根都粗如成年人的腰肢，深深地、有力地扎在泥土之下。据资料记载，其根系已经满布全村地下，稽圹村一村民建房打地基，发现地下布有大大小小无数的樟树根。它的根在下面默默地衍生着，"落尽梨花春又了"，一年又一年，就这样坚持了千年，它是为了什么呢？也许它喜欢这里，也许它想告诉世人什么！

粗大的树干向上挺起，再分支，再挺起，很多小树枝不断地向四周、向天空伸展，此时的它更像是一位慈母，扎根地上的经络吸收着大地之母的养分，通过树干向上一层一层输送着，它的每一次努力，只是希望自己的孩子能在自己创造的基础上继续茁壮成长。这让我想到了这样一个故事，说是一个孩子从小就依偎在一棵大树旁边，随着孩子一天天长大，孩子的愿望也一天天在成长。十岁左右的时候说的是自己想要玩具，大树说：那你就把我的枝叶砍掉去市场上卖掉，赚了钱，然后买玩具吧。到了成年的时候，孩子说：我要成家，大树说：你把我的树枝砍去盖房子吧。再过了十年，孩子说：我厌倦了生活，我要出海远游。大树说：那你就把我的枝干砍去造船吧。到了孩子老了又来到了大树旁边，大树说：我的孩子，我没有什么能给你了。孩子说：我不需要什么了，只想休息。大树说：那你就坐在我树墩上休息吧。

我突然觉得眼前的这棵大樟树就是那个任劳任怨的母亲，此时的它，身体微微前倾着，背部突出的树干，就是它佝偻的背。可是它强有力的臂膀向外敞开着，凹凸不平的肤色如花岗岩上深深的刻纹，抚摸上去似乎能清晰地感觉到血流涌动的温度，是它那不屈不挠的性格在向命运宣誓。它身上虽是瘢痕累累，但依然屹立，而且会继续屹立很久很久。

老樟树树干的背部有大小两个树洞，洞内布满了厚厚的青苔，树洞内的大部分部位开始腐烂，可是依然不影响它的美，洞内的风景好似一幅缩小版的山水画，别有一番风味。相传这棵树经历了三次磨难：一次是被雷劈，听说当时的树洞比现在大得多，大得可以容纳一张桌和四个人在里面打麻将；第二次是被火烧，现在树顶上依稀还可以看到火烧过的痕迹，黑乎乎的一片；第三次是遭到了虫害，枝叶被樟树

千年古樟

虫吃了个精光，由于该树生命力旺盛，又活过来了。樟树的磨难还不止这些，听当地一位老人说，樟树的根曾被切去了好大一块用于造路。可想而知，樟树的生命是有多么顽强，我不禁又回头看了看它努力展开的臂膀，显得那么坚定，又那么哀愁，"满地残阳，翠色和烟老"。

　　也许是天气的原因，蒙蒙细雨成为它此时的背景图，我想，在阳光明媚的时候，这棵老樟树应该是别样的风光吧，"石栏碧台三四点，翠叶藏雀一两声"，特别是在这临近夏季的时候，鸣噪的蝉子应该不会缺席。看，树墩上黄黑相间的忙碌着的蜈蚣正赶着集呢！生命的奥秘在这春去夏来之际热闹地诉说着！稽垟如画里，春去老樟树。

千年古樟（局部）

　　看过了稽垟的古树，顺着水泥路往前走，我们在一个牌坊前停下了脚步——此牌坊两处的石墩较新，两侧顶上及中间的石牌依稀可见被历史风雨冲刷的痕迹，中间的"百岁坊"字迹清晰。据当地的人说这是清咸丰十年（1860）朱宗乾五代同堂时奉旨建造的。百岁坊平面呈长方形，单间石构建筑，坐南朝北，面阔4.75米，进深2.3米。方柱前后置抱鼓石，柱头各蹲石狮一尊，中间为通道，略高于地面，台基砌成须弥座式，内部用块石叠砌，外表铺以水磨花岗岩石，年代稍迟，阳面上额中间处立有"圣旨"碑，两侧竖刻"奉旨建坊 五代同堂"字样，下额枋上刻"七叶衍祥为寿民朱宗乾亲柒拾咸丰十季岁次庚申"

173

题款。背面下额枋中间立"百岁"二字碑，两侧刻清朱宗乾五代名字，上额枋则刻"玉音"二字，两旁浮雕龙凤图案。太公朱宗乾，生于乾隆甲申年十二月初七日卯时（公元 1764 年即乾隆二十九年，娶妻王氏，阁下五子一女），卒于咸丰辛酉年二月卅日辰时（1861），寿登百岁，五世同堂。

牌坊的"坊"字有一种说法是类似于"防"，是古代帝王的一种执掌政权的方式，一些状元的功德坊，更多起到的是一种循循善诱的教化作用，而这个坊我想应该是这个村的一个标志，或是说对长寿老人"长寿"的信仰。据说，这个村每一代都有一对百岁老人（以三十年为一代）。成双成对，在古时候就意味着喜庆，何况是每一个时段都能出现的一对百岁老人呢。只是"兴亡只在笑谈中，直至如今千载后，谁与争功"！这百岁坊在 20 世纪六七十年代遭到过破坏，牌坊上明显不同的两截颜色就是一种说明，原木柱已断，1997 年村民重修牌坊。

我们这一行人又一路走着，转弯处看见一幢木质的四合院，院内的建筑已经破败不堪，很多屋后面没有了墙，一眼望去可以看见屋后齐腰的青草。很多门窗耷拉着脑袋，一处屋内放置着一口棺材，墙上还挂着一个算盘，想必这是一户很会过日子的人家。除去这些，墙上还有套牛嘴的小嘴笼和一些陈年的字报及图画，其中一份还是《浙南大众》报，可见这户人家勤快且有求知欲。荒凉的四合院，中间长满一簇簇及膝的青草，一旁有一口水缸孤立地站着，里面盛着雨水。"那堪疏雨滴黄昏！更特地、忆王孙。"只是不知道他日的王孙去哪里了，只留下这庭院深深，现如今屋前生春草，庭院遍鸣禽。

刚想跨出门槛，一个文友说："快看，这个门槛。"只见门槛凹陷下去了好一截，明显是踩踏的痕迹，想想那时候的这户人家门前一定是车马云集，人员出入频繁，只可惜现在是"暮去朝来颜色故"，只剩下倾斜的门槛在这里默默诉说着故事。我急切地问旁人："这是谁家的庭院？"朱老师说："这就是你看到的那个'百岁坊老人'的家。"我不禁唏嘘——破屋犹在，人面不知何处去。

走到门外，看到一对石质的旗杆夹，这是清朝留下的。据说旗杆夹是封建社会考取功名的一种象征，一种情况是为了光耀门楣，另一种情况是为了激励后生，以此为榜样。听说以前榜上有名，就要在家门前或宗祠前立"桅杆"，应该就是这个旗杆夹吧。立旗杆夹，不是说放置在门前就行了，在当时还要大摆宴席，请官员，请族长，请有名望的人前来赴宴，想想这个排场也够大的。旗杆夹也不是随便乱做的，上半部分的四方斗根据考取功名人的名次不同，讲究也不同，有两个斗、一个斗和无斗的区别，如考取进士的就有两个斗，考取贡生的就无斗，这无形中也就成为后生们的一种压力了。据说在夹石的两侧就有考中功名人的姓名、时间和考中的名目，只是我当时没有注意这一点，实属遗憾。

"回首向来萧瑟处，归去，也无风雨也无晴。"我的步子像是走过了历史的尘埃，我想这个百岁坊老人的家族在当时应该有很多很多的故事，他从哪里来，他的子嗣去了哪里？壁上的青苔你能告诉我吗？春色三分，百岁坊故居占了二分，古树占了一分。

风雨沧桑巡检司

明洪武八年（1375）的秋季，明朝帝师刘基曾在一个名为谈阳的地方奏请朝廷设立巡检司。也是在这样一个时间，这样一个季节，这样一个落叶缤纷的时候，一代帝师被人构陷，拖着风烛残年的身体，背着莫须有的罪名上京"请罪"。掬着一抹秋意，带着一分好奇，我们从南田出发，等到与二源、大峃来的文友们汇合后一起驱车来到了谈阳，去找寻一段和南田有关的历史。

谈阳村是一个历史悠久的村庄，地处高山，古时为荒草村，叫"荄阳"，是瑞安、青田和景宁盐贩的集散地。据史料记载：明刘基奏本上写的是"谈阳"，而明史上写的是"淡阳"，盖皆"荄阳"的演变，而本地人皆叫"谈阳"。明时为巡检司驻地。清嘉庆十三年（1808），隶属瑞安县嘉屿乡五十一都；民国十九年（1930），隶属瑞安县嘉义区五十一都。如今的谈阳村是于2003年由谈阳村上、中、下三个村合并而成的。

驱车于上坡处，大伙儿下车步行。热心的村干部和四五个上了年

谈阳民居（张嘉丽摄）

纪的村民告诉我们巡检司遗址就在前面。沿路而上有一两间用石头垒砌的黑瓦平房，平房侧面长满了杂乱的荒草。

再往前是一片开阔的番薯地，不远处是茂密的林子，放眼望去，却不见我们要找的地方。正在我们失落之际，两三个年长的老人告诉我们，番薯地的外侧就是古城墙遗址。据介绍，古城墙是在当地村民种地时发现的，只是如今被泥土和荒草埋没了。我们跟着老人跨过被绿叶覆盖的番薯地，想近距离找寻它的踪迹，可也只能按照老人的讲述在番薯地上摸索，来来回回走了许多趟，仍一无所获。

　　一位 70 多岁的老人告诉我们，他十五六岁的时候曾见过古城墙的遗址，城墙有三四十厘米高，从村头的平房一直延伸到远处的林子，约有 150 米的长度。老人说，这一圈的番薯地原本都是城墙，城墙中间是土筑的，外面两侧垒有小石块，从外观上看非常坚固。但这个沉淀着历史遗迹的城墙如今上面覆盖着厚厚的土壤，仿佛被历史尘埃掩盖了一般，也许这才是保护它最好的方法。

　　村干部指着入口处被荒草埋没的土堆告诉我们，这里曾经有两个旗杆夹，后来莫名其妙就不见了，旗杆夹的丢失一直是个谜。然而在这次寻找中，我们却奇迹般地发现了旗杆夹的所在。原来旗杆夹被人当作石料抬到下游做桥墩去了。据村民说，后来村里发了一场大水，桥墩就被大水冲倒了。如今站在岸边，仍能看到躺在水底的旗杆夹，一块横卧在谈阳坑中间，另一块横卧在坑边缘，石条偏上端固定旗杆的圆孔仍清楚可见。然而，却没有人知道它们在水底待了多少年了，望着那两块旗杆夹，历史好似在这一刻停留。

　　而眼前，我们只能凭自己的想象，如果我们先前见到的土丘是旗杆夹摆放的位置，那么原先进来的地方是不是就是巡检司的入口处？据《明太祖实录》记载：朱元璋曾敕谕天下巡检说："朕设巡检于关津，扼要道，察奸伪，期在士民乐业，商旅无艰。"巡检司一般设于要道要地，巡检统领着相应数量的弓兵，负责稽查往来行人，打击走私，缉捕盗贼，维护正常的商旅往来。

　　带着疑问，我们去向村里的老人了解，村民告诉我们巡检司所处的位置具有"九龟落垟，五马回朝"之意，也就是有"九五"之尊的意思，是个极好的风水宝地。关于它的设置还有一段曲折得令人心碎的历史。

相传在元代末年的时候，谈阳地段治安极为混乱，因为此地地处处州，是丽水最边远的地段，又与温州、福建交界，加上地势险峻，土匪就越加猖獗。土匪在这里贩卖私盐，与屡次叛乱的方国珍勾结，并仗着方国珍的势力，为所欲为。方国珍降明后，谈阳之地仍不太平。心系百姓安危的刘基，在归乡隐居之际，伏案写了一份奏书，并让自己的儿子刘琏亲自带着奏书上京呈给皇帝朱元璋。《刘参政墓志铭》里说道："初，诚意伯请于上曰：瓯闽之交有地曰谈洋，僻绝而岩险，戍卒逋逃渊薮也，愚民往往蚁聚为奸，利树巡检其地，庶几人知顾忌。"《明太祖实录》又载："初，基言于上曰：'瓯、括间有隙地，号谈洋，抵福建界之三魁。元末顽民负贩私盐，因挟方寇致乱，累年，民受其害，至今遗俗未革，宜设巡检司以镇其地'。"

黄伯生的《诚意伯刘公行状》中对此也有记载："上从之。及设司，顽民以其地系私产，且属温州界，抗拒不服。"可是这一件事却让当时身为左丞相的胡惟庸耿耿于怀，觉得刘基在论相的时候，在皇帝面前说自己不宜为相也就罢了，现在竟然在自己掌省事的时候，又"越级上报"，他觉得刘基根本就不把自己放在眼里。

正好在此后不久，文成县东乡头发生了一起周广三反叛事件，这在黄伯生的《诚意伯刘公行状》中也有讲述："适茗洋逃军周广三反，温、处旧吏持府县事，匿不以闻。公令长子琏赴京奏其事，径诣上前，而不先白中书省。"也就是说当地官吏怕上头问责，隐匿不报，刘基得知后，又让自己的儿子亲自带奏书赶赴千里呈给朱元璋。这次却给了胡惟庸可乘之机，暗中指使手下利用元朝旧吏构陷刘基，并诬告到朱元璋那里说："谈阳这个地方'踞山海，有王气'，刘基相中了有王气的墓地，想占为己有，所以想利用设置巡检司的方法驱逐百姓，抢占农田，谁知，百姓不予，搞得民怨四起。"生性本就多疑的朱元璋知道刘基懂天文，知风水，便听信了谗言，剥夺了刘基的俸禄，并召其马上回京交代问题缘由。

在朱元璋面前，刘基没有为自己辩解，而是"惟引咎自责而已"。朱元璋念在曾经一起风餐露宿、共创基业的情谊上，此事也就不了了之。刘基也怕节外生枝，欲回故里养老的心愿就不敢再提，这在《明史》中有说明："胡惟庸方以左丞掌省事，挟前憾，使吏讦基，谓谈洋地有王气，基图为墓，民弗与，则请立巡检逐民。帝虽不罪基，然颇为所动，遂夺基禄。基惧入谢，乃留京，不敢归。"《文成乡土志》也有记载：明洪武三年，刘基奏言瓯、括间有隙地谈洋，南抵闽界，为盐盗薮，方氏所由乱，请设巡检司守。会茗洋逃军反，吏匿不以闻，基令长子琏奏其事，未先白中书省。胡惟庸方以左丞掌省事，挟前憾，使吏讦基，谓谈洋有王者气，基图为墓，民弗与，欲立巡检逼民。帝心疑，遂夺基禄。嘉靖十年五月十三日，吏部礼部查谈洋实抵闽界要区，刘基立司之设，实为固疆土防外寇，非为私己。刑部郎中李瑜奏请旨施行，五月十九日敕准建立谈洋巡检司，设营兵 125 名，分 5 队，月支俸银 150 两。至明季裁撤。

就这样，刘基一个人离乡千里，孤身度过风烛之年，孤独、寂寞、忧伤的心思也只能埋在心底，可谓："凌波步，怨赤鲤，不与传缄素。空将泪滴珠玑，脉脉含情无语。瑶台路永，环佩冷，江皋荻花雨。把清魂，化作孤英，满怀幽恨谁诉。"

刘基被留京师的三年间，身体越来越差，在生命的最后，才征得朱元璋同意，由专使将自己的残体送回家乡与家人团聚。

巡检司为中国元、明、清代县级衙门底下的基层组织，以管理治安问题为核心。作为基层组织，谈阳村曾作为朝廷设立的巡检司，除了关津、要道等点和线，对所在地方的盗贼缉捕、治安巡防、震慑甚至镇压寇乱等，也起到了重要作用。然而一段历史，随着时光的流逝，却鲜有人知道。

在水一方

　　朋友告诉我，寻找村庄古事的采风点是在黄坦。我想如果是在黄坦，那么路程会很短，可事实是截然相反的，从文成出发驱车到黄坦湖背埠头就差不多花了一个小时的时间，又花 50 多分钟由埠头坐船到金山渡口，因此上金村给我的印象就是远，可所谓"伊人"，不都是在水一方吗！上金村给我的印象除了远，还有幽、奇、静。

　　我们从湖背出发是在上午 9 点多的时光，十月已经是深秋的季节，坐在船尾仍能感觉到丝丝寒意，所幸这日天气正好，太阳无私地把她的温柔都倾洒在了我们这一行人的身上，为我们挡去了寒意。

　　此时渡轮正发着"哒哒哒"的声音，最初觉得这声音有些吵，而当渡轮渐渐地往江中驶去的时候，我们的眼界豁然开朗，注意力完全被眼前的湖光山色所吸引，便几乎忽视了渡轮的声音。

　　飞云江就是一条不断绵延的绿色丝带，悠悠地在我们眼前荡着，而我们就是贸然的闯入者，乘坐渡轮的我们就好似在这丝带上滑行，两岸的青山随着渡轮的前进正渐渐往后移去。前面有一个尖形小山墩

上金村景色

矗立在江面上，江水温柔地倾上前去，小山墩似乎被迷住了，待情不自禁地想拥她时，她又调皮地绕开了，小山墩定是愣了，叹惋着，可"伊人"留与他的只是撩拨于掌心的柔水发丝。突然想到贾宝玉说的那句："女人是水做的骨肉，男人是泥做的骨肉。"在这飞云江的水面上，山与水的故事不是最好的说明吗？

飞云江的水特别地幽，滑滑的，颜色也各不相同，浅处的绿特别清澈，往中间去这绿色就显得深了。如果水是处在背山处的，这绿就更浓了，如玉一般。在阳光下的绿又是不一样的，是透明的，发着粼粼的波光，一条条荡漾的波纹如发带，仿佛可以让人细数一般，随着微风荡进人的心田里，暖暖的，柔柔的。

　　两山之间的空隙给退去的远景编上了一个画框，渡轮每行一段距离，画框里展现的景色就会不同。在这满目的青山绿水间，宁为水中一柔波，宁为巍巍青山一石，简单明了，又不失美。

　　渡船靠岸了，船夫熟练地将纤绳系在码头石阶的铁杠上，这样我们一行人就可以陆续上岸了。我环顾四周，发现上金是一个三面环水、一面靠山的孤岛村。靠山的一面只有一条长长的石阶一直延伸到山顶。

　　高高的石阶消耗着我们的体力，我们好似在攀爬一座时光之梯，走得气喘吁吁。步行十多分钟后，在小石阶的左侧位置有一个"孝节"大牌坊，牌坊有四米多高，三米多宽，共分成左中右三节，中间一节占去了三分之二的位置。节和节之间是用大根的石柱隔开的，石柱上刻有文字，而中间一节最顶部的石雕像是一个精致的门台，他们说这叫"圣旨牌"，这圣旨牌的顶部还立着一对小石狮，牌下刻着四个字"节励松筠"，圣旨牌和这四个字是一个整体，用两根小石柱撑着，再下面刻有"孝节"两个大字，两侧刻着两幅镂空的人物图案，一侧是四个古人在松树下休憩，另一侧是两个古人正迎接圣旨，图案雕工精致，人物栩栩如生。"孝节"两字下面立有另一行字，题为：为前清儒仕吴德清一妻夏氏立。看来这就是牌坊的主人了。这一行字的下面又是一组人物图案，共三幅图，图与图之间是用松树和枫树图案隔着的，画态逼真，好似在讲一个故事。旁边两节牌坊的图案以鸟兽花纹图案为主。《文成乡土志》记载：孙文题字，在金山村岭脚有节孝坊一座，建于民国十一年（1922），由当时大总统赐建。四柱三门，高六米，全是青石结构，饰有立体浮雕，精巧别致。正中有孙中山先生

完好的圣旨牌（张嘉丽摄）（上）
被破坏的圣旨牌（张嘉丽摄）（下）

题字"节励松筠"四字，并有"孙文"印记一方。为县文保单位。

牌坊已经不是当年的模样了，盗贼光顾了这里，中间牌坊即"孝节"二字顶部以上的圣旨牌都不见了。这让在场的文友们觉得非常惋惜。

我们继续拾级而上，发现村庄内还有两个宝贝——四对清朝时期的旗杆夹。有两对在开阔的庭院前，这一处的旗杆夹，有一对是完整的，另一对不知道是不是被毁坏的建筑压到了，断成了两段。所幸旗杆夹上的字迹都是完整的，上写着：大清同治八年南吕月吉旦，贡元吴玉辰立。另一处在荒草堆里，寻寻觅觅间，我们被苍耳子粘了满身。这两对旗杆夹虽然被风蚀得有些斑驳，但是很完整，也许是得到了荒草的庇护，柱上的字迹也还算分明，刻着：大清光绪贰拾年冬月吉旦，贡元吴芹馨立。看来这个村庄曾盛极一时。"贡元"是对贡生的尊称，清代贡生也称明经——科举时代，挑选府、州、县生员（秀才）中成绩或资格优异者，升入京师的国子监读书，称为贡生。意思是作为人才被贡献给皇帝。

1997 年珊溪水库开工建设，这里的居民几乎都搬走了，只剩下几位老人，这里的一切好似被时间遗忘了一般，给人的感觉就是"荒芜"二字。

在我们上来的时候，一路都是山花、野草、阳光、树荫，另外还有一座座孤寂的房屋陪伴着我们。不过这一切对我们来说恰到好处。我们喜欢这静极的地方，人心需要的就是这一份"静"。

静中的景致也是不一样的，特别是走到半山腰的时候，回头再往

上金村景色

山下望，飞云江就是青山间的明珠，就是伊人琉璃的眼眸，山是眉峰，交错着向远方游移，身后坐落着五间房屋，真希望这其中的一间是属于自己的。这样，每一天推窗望去就是飞云江，每一天有青山作伴，每一天可以在高山之巅呐喊，我就是潇洒的"海子"了，耳边是谁在说"从明天起，关心粮食和蔬菜，我有一所房子，面朝大海，春暖花开"。虽说是秋季了，但秋的味道只有置身于此处的人才能体味。

在这静极了的地方，村干部叫来了一位老人，老人领着我们又往更高处走。蜿蜒的山路前屹立着两三棵古松，松树鱼鳞般的肤质一路从底部向上铺展。松树下还卧着六块大石头，一个像极了官帽子，从另一侧看又像是一张床，下坡处的一块上平下凸的石头又像是一个小官帽；另一处，也就在三个石块铺开的地方，像是古人上京赶考挑的担子。老人家说这一块地是他们村的风水宝地，传说此地的石阶和这官帽的风水关系是呼应的：六十年起，六十年落。当江水的位置涨到能淹没金山台阶上时，他们村的好风水就来了，这个时期村内的人才也特别多，相传这里还出过一个叫吴名英的状元，只可惜在上任的半路就病死了。

一边是故事，一边是这静极了的风景，我没想到时间过得这么快，一坐就到了下午两点多。

在回来的路上我特意将自己疲惫的脚丫子放进水里，这是天然的沐浴，有什么比这个更惬意的呢！"溯游从之，宛在水中央。"如果你来了，就请到这水中央来，到一个叫"上金"的地方来。这里很远，可很幽，很奇，也很静！

夕阳下，古道边

　　平和乡新田村位于文成县城东南，距县城不到 20 公里。该村三面环山，层峦叠嶂。村民以叶姓为主，是一个以农业为主、外出劳务经商为辅的村落。该村有大面积的茶叶基地，养殖业以养家禽为主，经济虽属欠发达地区，但通村公路已全面贯通，对外联系十分便捷。

　　村内有一条古道，名叫黄狮垄岭，是一条明代古道，原名坑底岭，位于新田村季家源自然村至黄狮垄自然村。该条古道东上西下，穿过南门村，依南门溪而上，是平和乡村落的交通要道，全程约 2 公里。从新田村季家源自然村出发，你可以看见一条小溪，溪内乱石林立，大的石块需要二人才能将其围抱。岁月的风雨塑造了溪内的这些奇形怪石。循着"咚咚"的溪水声而上会看见一座横架的小桥，这桥非常短，只有十几米长。桥的那头就是一座宫庙，名为溪心宫。溪心宫于 1913年冬月建成，宫内香火鼎盛。

　　离开宫庙，我们沿着水泥路继续往前走，一棵横卧的大树映入眼帘，不知道是什么原因，这棵树竟默默地横跨于小溪上，它经历了什么，无人知道，只是它匍匐的姿势，让人不禁驻足。从树干的大小，可以粗略估计出树龄已有上百年了。沿着树枝倾斜的方向，过一条石板桥再往左拐，我们拾级而上。道路是用毛石铺设的，平均路面宽约0.8米，有些地段受到路旁倾倒的大树的影响已经受损，路两旁有古苦槠树、香楠树、古枫香树。从西端往下300米为台阶路段，较陡，途中有50米天然的不规整踏跺路段，南门村至季家源村500米路段和南门村至季家源村800米路段全部都用水泥铺设，现代化气息的侵袭破坏了古道的原样，还能见证古道历史的似乎只剩下老人口中的叙说了。

岭上有一个亭，建于乾隆年间，亭里坐立着一个土地公，相传这里的香火特别旺盛。亭后有一个岩洞，那是天然形成的，洞内空气清幽。关于这个岩洞，还有一个传说，说是在乾隆年间，当地的农民组织了一场起义，名为"长毛反"农民起义，起义的组织点就在这岩洞内。由于走漏了风声，农民起义的活动被当地官府发现了，也就被镇压了。可以想象当时的场景是相当混乱的，必定经历了一场血雨腥风，至今岩洞内还存有当时农民起义军留下的冷兵器，比如长矛和大刀。

往前走几个台阶，也就是在亭子的上面，是名为上岭的地方，相传在这里有一个关于人抓山妖的故事。一日，一个农夫要通过此道去平阳，想找一个人结伴而行，于是在凌晨三点的时候大声吆喝："有谁去平阳啊，有没有人去平阳啊，如果有，我们就结伴而行。"这时候躲在暗处的山妖听到这个叫声，就出来应和道："我去，我去，我陪你一起去平阳。"这个农夫见有人陪他一起过古道去平阳，非常开心，于是就和这个山妖相伴往平阳的方向走去，在路途中经过一段水路，水路中间铺设着一个个木墩作为行人通行的过道，农夫自顾自往前，走过河后回头发现山妖依然颤巍巍地站立在河的那一头。山妖欲提脚踏上木墩，可是看见水，心生畏惧，又缩了回来，如此反复了好几次，就是不敢踏上木墩，水流的轻吟声更加剧了他心中的恐惧，还后退了几步。农夫看着这情景心中生疑，心里边思量着，边走了回去。农夫纳闷："你这人，为何如此胆小怕事，连这木墩你都不敢上去，那是为何？"山妖回答道："我天性怕水，见着这个水，我的脚步就迈不开，不行了，恐怕我到不了平阳了，你还是自个儿往前走吧。"农夫微带愠色，看了看路边的茅草，心生一计："这样吧，我把茅草编成一股绳，然后我用这个绳绑着你走，如何？"山妖摸了摸后脑勺，思量后答道："那是最好的了，你绑着我走，说不定我就不怕了。"而后，农夫就将茅草搓成一股绳，绑在山妖的手上，谁知茅草刚一绑上，山妖就变成了一只鸡，农夫自语道："果然是一个妖怪。"于是心里思量着再往前走就有一家客栈，正好走了这么一段路了，早饭还没吃。想着想着，农夫就绑着这只鸡来到了古道上的这一家客栈，走到掌柜跟前："你看，我这鸡也够大的，能不能用鸡在你这儿换一壶酒吃。"掌柜瞄了一眼鸡，果然个头肥大，一壶酒换一只鸡那是捡了一个大便宜，于是满脸笑容地说道："可以的，客官。"在给掌柜鸡之前，农夫千叮咛万嘱咐："千万不要将鸡的茅草绳解开。"掌柜开心之余，哪有听进这一嘱咐，直接吩咐店小二将鸡拿到厨房后面去。谁知，店小二一解开绳子，鸡就不见了踪影。第二次，凌晨三点，农夫又在这条古道上吆喝："谁要去平阳啊，一起去啊，结伴好照顾啊。"山妖听到这声音耳熟，就现身在这农夫面前，农夫以为山妖又是答应自己一起相随的："怎么样，你要和我去平阳吗？"山妖摇了摇头："我才不去，等下你又把我换酒吃了。"山妖的故事反而增加了古道的神秘、悠远和沧桑感。

踏着毛石路，继续往前走，在一个大弯处，也就在这亭子的上面一段路，树立着一男一女两个石像，当地人称之为石将军。在这条百年古道上两座石像遥遥相望，无论严寒酷暑，无论疾风骤雨，似乎都割不断他们的情。古道好似银河，织女在这头，牛郎在那头，默默诉说着彼此的深深思念；古道又似乎是红线，新郎牵着那头，新娘牵着这头，牵着的虽是红线，但牵着的更是彼此亘古不变的誓言。西湖断桥成就了白娘子和许仙一段佳话，黄狮垄岭造就了石将军的一世情缘。据说太阳一落山，这一男一女两座石像就会瞬间复活，复活的时候他们一定是欣喜的，白日的别离虽说只是十几个小时，但对望的时间必定是难熬的，复活的时刻结束了他们的一日苦思，而鸡鸣的到来又预示着他们离别的延续。"远芳侵古道，晴翠接荒城。又送王孙去，萋萋满别情。"虽说二人只隔了这么一条古道，可眼里的相思情意尽收眼底。缠绵的爱情为这条古道增添了一丝温馨。

现代的气息虽然丰富了农村的生活，但古道的原貌还是要保留的。古道是千年的佳酿，古道是古老的甜蜜，古道是一段历史的连续，长亭、古道、西风，"芳草碧连天"。古道是一个地方文化的灵魂，更是对一段历史的见证。

在古民居里遇见旧时光

　　那日上午，朋友电话打来告诉我：有一个地方你一定会喜欢，那里有很多古民居。原本以为雅庄这个地方会比较近，因为它地处西坑，又是有新路的缘故，所以到那儿可能只要 10 多分钟。没想到这一去，车程都要一个多小时。

　　炊烟中的老屋印着翠绿，深深地刻在我的脑海，以至于十年以后的今天，我拉着我先生又去了一趟雅庄。这一日，天气格外好，天边的白云和青山绵延，汽车开在蜿蜒曲折的山路上，远处的白云好似在眼前，我们的车子好像挂在云端边，视野开阔，心情也跟着舒畅起来。驱车一个多小时后，我们到了雅庄，发现鳞次栉比的木屋又破败了许多，一些古民居屋顶塌陷，梁木朽坏。幸亏这几年，经过政府的多次修缮，大部分老屋才得以保存。石墙黛瓦，雅庄就是隐藏在深山中的世外桃源。

　　雅庄，又叫下庄，地处岭后东山下。乡境在明清时期属于青田内八都。郑氏始祖于明洪武元年由处州玉溪迁居下庄，自始祖至"瑞"字行，已 24 代。2016 年铜铃山建镇后，雅庄被划入铜铃山镇。

门台

　　村干部把我们引至一个门台外，此处门台高度与四周封火墙一致，最顶部用房檐遮蔽，稍下方是三块棕色方石和四根小条石，中间最大的那块刻着"秀挹雅庄"四字，字迹苍劲有力，雅庄名字也是由此而来的。字的两旁刻有花瓶图案，寓意出入平平安安。从条石的颜色看，应该有些年月了。再往下就是用条石组成的一个小门，中间横着的条石上刻有波浪形图案；立于两边的条石上刻有"喜"与"寿"字；再下方立着的条石，刻有一副对联"四壁青山环屋北，一溪绿水绕门西"，跨进这门台就是这个村庄最有标志性的，也是保存最完整的一幢古民居了。

从郑氏族谱可以得知："四面屋于清嘉庆八年（1803）建正屋，清道光十四年（1834）建门厅。此民居坐西北朝东南，为二进回廊式二层木构建筑，全部采用穿斗梁，架榫卯结构。一跨进门，抬头就可以看见充满韵味的建筑图案，无论是横梁还是额枋，都刻着栩栩如生的古人图案。村干部说，横梁上有八幅图，刻的是八仙过海。只可惜这些图案的人脸都在 20 世纪六七十年代被破坏了。经过门屋，往里走是大院，院子的中间路径是由长条石铺成的，很难想象在清朝的时候这些沉重的条石是怎么搬运过来的。两边是被挖得较深的塘，已经布满青苔。门厅、正屋均五开间附左右耳房，正屋明间五柱九檩，中柱分心，前后双步梁。

四面屋廊道回环，屋屋相叠，正屋门檐下挂着两盏立方体的木质红灯笼，最上方的灯笼身子用蓝布包着；延伸的四周下挂着一串铜钱，其中一个灯笼铜钱还在，另一个已经没有了；下方的骨架是用红色丝绸包着的，最下面是围起的圆状的六根类似于波浪形的花纹；红布内中间的十字状结构可放蜡烛。这两盏红灯笼不由让人想起琦君《橘子红了》里面的场景，可惜这样的灯笼古民居内就这么两盏，要是能有很多的灯笼，挂在夜里，挂在每一处屋檐下，那是怎样的一种画面呢。

院中的蔷薇叶子绿油油的，花朵粉粉的，还凝着露，好似在忧伤，好似在诉说。"零落蔷薇委道傍，更堪微雨渍残香"。可是在这 12 月的冬日里，蔷薇依然身姿卓越，就像这老房子，虽建于嘉庆八年（1803），但依然挺立，依然精神。

因为幽暗，所以我们只能摸索着木质楼梯往楼上走，踏在地板上

四面屋一隅

回响的轻微的震颤，好似我们此刻的心跳，也好似历史的招引。楼上也有正间，里面还摆着纺车和屏风，零件虽然都散落了，可是却把我带回了儿时，那都是外婆家的故事了。二楼设腰檐，厢房对称横开三间，檐上铺着黑瓦，回廊上设平板条木，可供人休憩，可惜今日没有下雨，不然可以偷听雨滴在瓦片上的"缠绵"了。

　　每走几步就是一间小屋，因此这层楼大大小小差不多有二十多个房间。有些房间大小估计就只有 6 平方米。我们一路走着，景色不尽相同，走到一边的尽头，看到是一个用石子垒砌的鱼池，周围零星地

四面屋封火墙

点缀着芋头粗大的叶子；旁边摆放着石质的水缸和洗衣盆，那都是很久很久的记忆了，久得就跟远处袅娜的炊烟一般。看着对门楼下屋内的情形，这处应该是有人住的，因为外面的横杠上挂着晾晒的衣服。

在过道处，我们还看到一顶轿子，除了一个轮廓，里面的座椅都已经腐烂了，听说是被人用来养兔子。关于这轿子应该发生过许多故事，只是我们已无从得知了。村干部说各个路口都有往下走的楼梯。每一个路口的楼梯过道都比较狭窄，有时候通往另一处厢房还设有仅过人膝盖高的镂空小门，别有一番情趣。

雅庄古民居风貌

　　据这座房子的后裔——一位 70 多岁的老人说，这房子的主人，也就是老人的阿太是个很贤惠的妇人，每一次家里酿酒都会搓一团糯米给邻舍，要是遇见乞丐，也是一样慷慨。老人说，要是遇到灾荒，他的阿太就会把乞丐请家里来给饭吃。说来也巧，那时候家里正盖房子，阿太就让乞丐留在家里，一方面多几个人手帮忙，另一方面让这些人有个着落。阿太的好心引来了很多乞丐，很快房子就盖好了。乞丐们临走的时候，阿太让他们吃饱，还打包了一大袋食物让他们带走。多美的故事，多好的人啊！

雅庄还是一个革命老区，红色文化底蕴深厚。我们来到二楼，走过楼道，8 平方米的四面屋东阁楼就是挺进师政委刘英同志办公和居住处。《文成乡土志》记载，1935 年，刘英、粟裕同志率领红军挺进师由浙闽边境进入浙南山区后，时常在岭后山一带活动。11 月上旬，刘英部队驻扎岭后下庄四面屋，战士在楼上走廊、中间楼宿营。挺进师政委刘英，深夜还在东阁楼内办公，与师长粟裕谋划战事。1936 年 11 月，在下庄召开省、县级干部会议，名为"联欢大会"，出席会议的有省、县、区干部 500 余人，加上红军 500 余人，一共千余人参加。开会地点在下庄外垄后山坳田，众人皆席地而坐，秩序井然，刘英同志谈笑风生，人人轻松愉快，心情舒畅。夜宿下庄，底垄和外垄各家的楼上楼下都睡满人。为安全计，与会人员次晨便分头返回原县去。当地人为纪念此次盛会，称开过会的坳田为"联欢田"。

因为想看全景，所以村干部带我们去了一个能一览无余的高处。看到的不但有高低错落有致的古民居，还有炊烟。已经多久不曾看到此种场景了，这情景跟一个画面非常吻合："炊烟起了，我在门口等你；夕阳下了，我在山边等你；叶子黄了……"美得让人流连忘返。

民族村的传说

　　清晨，搭了一趟便车来周山乡周垟村，可惜来得迟了一些，没有赶上那里的雾海，但是站在凤凰台上，放眼望去，青山连绵，满目苍翠，也可想象出那云雾缭绕、人居其中的一番奇景。周垟村为民族村，2003年行政村规模调整，周坑民族村和九条垟民族村合并，两村名各取一字，得名周垟村。周垟村前身周坑村，取周山、坑边两个自然村名首字组成，乡境在明、清时属嘉屿乡五十三都。村民以蓝、雷姓氏居多。据蓝氏族谱记载：清朝康熙年间（1662—1722），蓝元旺、蓝元禧、蓝元照三公自平阳五十一都青街王神洞迁来瑞安五十三都五甲周坑居住，乃是周坑蓝氏开基之祖。据雷氏与蓝氏族谱记载：清乾隆年间（1736—1795），雷洁福公从平阳黄山头迁来周垟驮岭居住，蓝守宝公由上徐山移居周坑与驮坪居住。又据李氏族谱记载：清康熙年间，李元福公从平阳蒲门迁来周垟九条垟，乃九条垟李氏开基之祖也。从各姓氏的族谱大致可知周垟人口发展的历史。村内风景优美，古树茂盛，有大圣殿、驮岭古道等景点，梯田依山而筑，错落有致，从半

周垟村

山腰一直盘绕至山顶，在阳光的照耀下如层层银带，又如散开的层层花瓣。周垟村村民用自己的双手创造了这一切美好。村子不仅有眼前的美好，还有许多流传至今的美丽传说让我感动。

村支书蓝朝光介绍，村内有一岩为夫妻岩，两块大岩石上下相叠，重量足有千余吨。关于夫妻岩，有一个传说。

相传，村中有一对夫妻，阿哥勤劳本分，阿妹秀丽端庄，两人十分恩爱，一直过着男耕女织的田园生活。一日，山下一恶霸上山来围猎，偶见楚楚动人的阿妹，便心生恶念，想占为己有。他叫人将阿妹丈夫暴打一顿后，又放话说，明日便抬轿来将阿妹纳为小妾。夫妻二人是又气又恨，但怎么斗得过恶霸呢？满腔悲愤无处鸣，二人无奈只好远逃他乡。

两人计划深夜动身，但无奈丈夫被恶霸打伤后，行动不便，阿妹身子娇柔，即便使尽全身力气，也才将丈夫搀扶至村庄不远处。眼看天色将明，恶霸已差人上山来，两人心急如焚。

一干恶人来到他们家中，见无人在家，猜想一定是连夜逃跑了，便骂骂咧咧地一路追赶而来。夫妻二人眼见灾祸难避，于绝望间相互依偎，决意一起跳崖殉情，于是两人纵身跃入山间。没想到竟化作两块上下相叠的大石，任那恶霸有千万人丁，也无法将他们分离。

虽是传说，可深深地打动了我的心，这就是爱情的模样，"以红尘为道场，以世味为菩提……"。

另一则是关于鲤鱼洞的故事。这个洞位于蓝山半山腰，洞口绿树成荫、草木茂盛，洞中狭小，仅能容体重百斤内一人躬身探入。鲤鱼洞壁上仍存有鲤鱼化石两枚，形象逼真，栩栩如生。

相传鲤鱼洞是古时本村一位先人和山下一财主之女的殉情之地。这一位先人家境十分贫寒，为谋生计，小小年纪便帮山下的财主放羊养牛。因其品貌端庄、性情豪爽，财主之女对其倾心不已。男子知道自己家境贫寒，虽顾忌于门第，但被财主之女的热情奔放所感动，两人便开始秘密交往，常在蓝山上相伴放牛牧羊，哼歌唱曲，嬉戏玩乐。

好景不长，两人相会之事被财主察觉。财主极力反对，两人苦苦哀求成全，终不能遂愿。财主认为是男子纠缠不放，便找人痛打了他一顿，之后，又将女儿囚锁家中。男子满身伤痕，悲痛不已，为避财主加害，便躲到蓝山两人常常相会的山洞里养伤。

财主之女对情郎日思夜想。一日，她趁看守疏忽，偷溜出家门，一路艰辛，终于觅到蓝山山洞。山上缺柴少米，她便日日到田间捕捉鲤鱼炖汤喂男子吃。男子在女人的精心照料下，身体日渐康复。两人为能终身相守，决定待伤愈后远走天边。哪料两人藏躲在蓝山一事被财主知晓，财主恼怒交加，叫了诸多家丁前往，誓要将男子碎尸万段方才解气。两人躲在洞里，因洞口狭小，家丁进不去，只好放火熏，想把两人熏出来，结果二人誓死不出，被活活烧死。

他们忠贞不渝的爱情，感动了满山的田鲤，千万田鲤折己寿方才续回二人性命。复生后，二人便在洞中恩爱过完余生。为报田鲤续命之恩，他们死后化身为洞内鲤鱼，继续相守千万年。

千万年相守，那是爱情最美好的模样了吧。世间，人与人之间的相遇都是缘分，一段开花结果的爱情得多少次回首才遇见。他们的爱情成就了鲤鱼洞，也把爱情唱成了人们心中的一首歌。

另有一潭，名为龙窝潭，位于水坑沟一带，分为上中下三潭。三潭由上到下、由小到大依次沿溪排列。上潭较浅，只有一口圆锅大小，深约半米；中潭呈长方形，约8平方米，深近2米；下潭最大。

关于此潭也有一个传说。相传，很久以前，天下大旱，寸草不生，掌管兴云降雨的东海龙王听闻，心中很是焦躁，他决定亲自外出视察灾情，以便布雨。当行经周垟村一带时，操劳过度的东海龙王竟因缺水虚脱了，口干舌燥之时便化作一条小蛇，晕死在干涸的水坑沟中。

当时，正值天干物燥，万物难生，为求活路，全村村民翻山捣石，四处寻找水源和可入口的食物。当行至水坑沟时，大家发现了一条小蛇。小蛇两眼迷离，全身蜷缩，显然是因脱水所致。见此，大家喜出望外，

龙窝潭

几个精壮点的村民，两眼放光，上前便欲将小蛇活剥，饮其血、食其肉。正当此时，山头传来一声悲号："又渴死人了！"

众人听闻村中又有人因渴而死，不觉泪流满面，抬头望天，只见烈日炎炎，犹如火炉炙烤着人间，心中生起无数悲凉。再回头看看眼前的小蛇，只见它奄奄一息，命在旦夕。"算了，放了吧，它也可怜，再说我们这么多人，一人一口也分不到！""再这样下去，大家都要渴死了！"……大家议论纷纷。

众人口干难耐，抚着水瓢，这水瓢里的几滴水是大家四处寻觅才得以收集的，为续命，大家当下决定一人一滴分了。众人见那小蛇可怜，于是也分了一滴放到小蛇口中。东海龙王得此一滴水，不久就活了过来。他心中对村民们感激万分，回到东海，立即兴云布雨，化解了旱灾。为报周垟村民礼遇，东海龙王还亲手在水坑头凿出了三个龙潭供周垟村民蓄水。从此，周垟村满山翠绿，山水盈盈，稻米飘香，再也没有大旱过。

村内唯美的传说故事还有很多很多，似乎每一块石头都会说话。听了这么多故事，我还是无法从前面两则爱情传说中回过神来，"执子之手，共你一世风霜；吻子之眸，赠你一世深情"。坐在身旁的 90 岁阿太突然哼唱起了山歌：

> 妹是有意哥有心，隔山种竹连成林；
> 竹鞭条条泥下过，竹尾攀来结成亲。

在山的那边

　　桂山，从名字上就可以看出这个地方地处高山，村庄基本处在海拔 800 多米的山地上，山高路远，为文成、平阳、苍南、泰顺四县交界地带，旧时到外地都要翻山越岭才能出行。桂山有一条岭叫仙岩山驼路，是条古道，西南过往，东西走向，在当时是桂山通往平阳的陆上交通要道。古道横跨 4 个村，涉及 10 个地名，分别是三垟水尾村头—畚箕甩—分水—双树坳—仙岩山—凤狮村—石门坑—吴地山—草鞋垅—平溪坳。这条古道在当地又名红军路，这似乎让这条依稀犹存古韵的小道增加了现代色彩。

　　有着 20 公里长的古道大部分已经荒废，两旁杂草丛生。品味古道，我们需要站在这小道上的一头，从小道向前绵延的悠长和在这道上串起来的一个个传说，我们才可以朦胧地看见它的身影。

　　从水尾村头走来，我们经过畚箕甩。关于畚箕甩的地名来源，说是此地形状像是一个半圆形的畚箕，故名畚箕甩。

　　过了双树坳就到了仙岩山。在这个地方流传着这么一个故事，说

桂山（徐铭摄）

是天上有一个神仙，看见地上的农民每天都要翻山越岭才能走到仙岩山，于是就想耕平此地，好让农户行走方便。而后他就带着两样农具——犁耙和碌碡，并牵着天上的耕牛下凡了。神仙不停地劳作，一直从早上耕到中午，发现肚子有些饿了，于是摇身变成一个农汉，想在村头讨点饭吃，顺便试探一下民心。正好一个村妇提着一篮饭菜，农汉就上前搭话："嫂子，我劳作一个上午了，没有携带饭菜，现在肚子饿得慌，你可否发一下善心，将你篮中的午饭分我一点，我也好继续在这山中劳作，耕平了这座高山，好方便你们行走。"村妇感觉此人好大口气，就是想要骗她的饭吃，就不同意分他午饭。农汉心想，

桂山（徐铭摄）

我为你们从早忙到午，连饭都还没吃上，而你们不分我午饭也罢了，还取笑我，于是在路边抓起两把土甩向河的两边，就形成了现如今畚箕的地形，之后这个神仙也就气愤地消失了。村妇发现原来这个农汉是一位神仙，心中懊悔不已。

走过仙岩山我们就到了凤狮村，而在这个古道点上的故事最为丰富，内容也值得探究。

一说"包将士"。听说"包将士"原名包学耀，此人从娘胎里出来的分量就比常人重一倍，说是他出生时体重就有 15 斤 6 两，长大后更是块头不一般，身高 2 丈，行如风，站如松，坐如钟，就这个头，让包学耀的饭量也超出了常人的想象。说是有一年他与村内的 18 个

桂山（徐铭摄）

人到平阳江下种地，他一个人就将送来的 18 个人的饭菜全部吃完了，18 个人非常恼火，就丢弃田中的农具和割下的一大桶稻谷，说是那桶稻谷他们也不出力搬了，让包学耀自己搬回去。包学耀说大家不搬也没有关系，只要齐力把稻桶搬到他背上，剩下的事情他来做。18 个人对他起先有些嘲弄，当真把稻桶往他背上压时，发现包学耀仍然行走无碍，在场的人都瞠目结舌，于是大家都称他为"包将士"。"包将士"为人耿直，好打不平，常常触及村内财主的利益，财主怀恨在心，多次想除掉"包将士"，成日寻思找机会害他。一日，趁"包将士"不在家，财主将路上冻死的乞丐尸体搬至他家门前，然后状告至县衙，说是"包将士"毒害的，县太爷不分青红皂白就问罪于"包将士"，"包将士"

一气之下抱起了县衙内的堂柱，并在空地上一边大甩堂柱，一边问县太爷："我的罪有这堂柱重吗？"此举吓得县太爷心惊胆战，哆嗦着身子当即宣判"包将士"无罪。"包将士"的美名还在于他好助于人，见有路边几千斤的大石挡道，就挥挥手将大石扔至路边好便于行人过路。久而久之，他的美名传到皇上的耳朵里，于是就下令官员到凤狮村寻找此人。一日，一个官员来到凤狮，正好遇到了"包将士"本人，官员并不清楚"包将士"的模样，而"包将士"见是一个官员，怕染上什么官司，就说："你们要找的那个包学耀前段时间染病死了。"官员只叹可惜，就回去把此事如实禀告了皇上。虽说未能为国出力，但"包将士"为当地做了不少贡献，在他过世后，当地人尊称他为"西耀公"。如今"包将士"的坟墓就在西垟底包学冠老师屋的左角下，至今都还有人前往祭拜。

二说革命故事，一是有关齐云庵遗址的，二是关于伪乡长包元的。齐云庵在革命时期是红军的一个联络站，庵内当时还住着一名为"了平"的和尚，据包学冠老师说在他小时候这个和尚还摸过他的头，可以想象此位僧人的和蔼，从而也可以说明在战争年代，这个老人曾为革命事业做出了不朽的贡献。当时"了平"和尚还收养了两个义女，一位叫王克，一位叫王银，二人都为平阳岑岗山人，都为革命事业做出了贡献。不幸的是，齐云庵在20世纪六七十年代遭到了毁灭性的破坏，如今就剩下庵内的一个"路心岩"可以作为历史的见证了。据包老师说，曾有学者特意前来寻找遗址，见这个岩石还在，不禁惊叹：革命的遗址还在啊！

其次说伪乡长包元。包元原名学良，曾两次当选为国民党乡长。任职期间，同情穷人，热心为民众办事，还曾多次从国民党手下救出自己的村民。特别是在 1947 年，在被国民党包围的情况下，机警地利用插秧队的农民救出了共产党送急信的交通员。关于他的故事，文成文史资料中有详细记载。

走出凤狮，再经过石门坑，来到了吴地山。在这个地方，有过一次堪称传奇的战斗，史称"吴地山"战斗，这是一场具有胜利意义的战斗。有战斗，就必然有人流血，为此有战士献出了宝贵生命。听说当时战斗非常激烈，我军不幸牺牲了一个连长和两个士兵，于是战友们将这三个人的遗体搬至平溪村瓦窑平进行埋葬，现在此处路上的一个土堆，以及路下的两个土堆，就是三位烈士的坟墓。

过了草鞋垅，我们就到了古道上最后一处地点——平溪坳。关于这个地方也有一个美丽而又善良的传说。早年间，平溪坳是一个悬崖峭壁，行路极其艰难，村内有一个叫毛太公的老人见乡人走路如此不便，就到处化缘，几年后积累了好些银两，这些银两用来造跨过平溪通往泰顺的桥是绰绰有余的。于是他请来了一些匠师，带领乡亲们一起开路，开着开着，发现后山有一股清泉。之后，毛太公想着，让清泉在这空流着怪可惜的，于是就开挖了一个槽，也就是现在的石水槽，以供路人饮用。可是好景不长，毛太公生了一场重病，眼看着自己即将离世，造桥的遗愿未了，于是就将余下的银两包好藏起，并在石水槽边上刻下几行字："一弓一箭，吃水对面。筑路造桥，子孙方便。"毛太公的故事也就传开了，村民们纷纷猜测毛太公的银两是不是藏在

桂山（徐铭摄）

挖有石水槽的那片秃山上，大家就把秃山翻了一个遍，可也没找到。过了一段时日，有一个送亲队伍经过这里，轿夫们口渴了，就停歇在石水槽旁，一看水槽边有一首打油诗，就围坐在边上讨论诗的意思。轿上的新娘是书香门第之后，觉得新奇，便下轿来解诗。她看一眼诗，再看一眼饮水的轿夫，就会意地让人移开石水槽，果真在槽下找到了当年毛太公留下的五十两银钱，上面还有一张纸，写着"意用此银造双坑桥，望得银者续我遗愿，造福子孙，余不胜感激之至"。新娘深受感动，就说自己要再出五十两资助造桥，并跟在场要她解诗谜的乡亲们提议在秃山植树种果，造福后代。对于解诗，新娘子说："人喝水时左脚像弓，右脚像箭，石水槽的下面不就是吃水的对面吗？"石水槽和双坑桥至今仍保存完好。

仙岩山驼路古道周围有好些亭子，可是大部分被破坏了，听说，仙岩山亭原本是建起来给过路人歇息的，可是后来被一个烧灰的农人不小心一把火烧坏了。如今部分古道已经被浇成了水泥路，增加了许多现代元素，破坏了原有的韵味。悠长的古道上面有着一个个悠长的故事，那是延伸历史的古桥，更是对后人亲切的诉说。漫步古道，如漫步在历史的云端。

老去的繁华

穹口，位于飞云江畔，因后山岗直冲黄坑口，故叫"冲口"，后改名为穹口。

穹口地形平坦开阔，山水相连，村内有一古道，是用溪石砌成的，当地人又叫"后山路"。古道一米多宽，中间原本是由大块的天然溪石铺成，后因古道年久失修，路面坑洼，在2013年又对路面进行了修整，全部采用与古道两侧一样大小的小型溪石去铺设。古道曾是文成通往泰顺的必经之路，是文泰古道的其中一段，曾经人群熙攘，热闹非凡。沿着古道行走，不远处涓溪流淌，上方建有一水库。在水库建成之前，这一带绿树环绕，古树参天，后因建水库的原因，古树群只剩下孤零零的一棵香枫，已有200多年的树龄。树下有一墓，据村支书介绍，这墓的主人就是穹口的老祖先，村子里的人大多是他的后代。说是始祖承印于明嘉靖时由山垟分居穹口，来穹口的这位祖先都是一脉相传的，太婆生了五子，只有一子娶了媳妇，后来都是一脉相传，传到第五代才生了7个儿子，自此，子孙绵延，穹口也成了以包氏居

祠堂一景

住为主的村落，所以又有人叫穹口为"包公祠"。村支书看了看墓碑上的排序，想到自己的辈分，自始祖至"永"字行，按照字辈（承子守一士光廷国正昌大方齐进启永），已传16代。古树上阳光折射下的光斑在墓上跳跃，独树成荫，成为一道独特的风景，好似一位老人在讲述墓中人的前生往事。

村子里乡村企业较多，曾设有草席厂、化工厂、砖厂，村内织席的历史悠久，始于明末，是文成的传统手工业。1956年村子里成立了席厂，有职工百余人，基本上是分户编织，可以说村里的所有居家妇女老少都忙着编草席、枕头席，男人们则忙着到泰顺或者山间去收集、收割龙须草。据当地老人回忆，龙须草细如头发丝，编织一张枕头席的工钱通常是 5 分，起早贪黑一日最多可以打三十张。打好的草席、枕头席通过水路运至瑞安，产品远销国内外。

在如今的刘英广场位置还曾有过一个大烟囱，这是砖厂所在的遗址，制砖原料主要是山间白泥，专门用于制作烟囱，看上去十分坚固，个头也比砌房子的红砖大很多，后来随着村庄的改建和广场的建立，烟囱也就被拆除了。

顺着水渠沿路而上，前方一条老木横在路的上方，好似一个木门，我们猫腰穿行而过。在横木的下方曾有一个大水碓，原本水碓有三个阶梯，就是凭借山水急流下冲之力，带动轮盘，进行舂米或者磨米，邻近村庄的居民都会在这里磨米，因为是私人的水碓，水碓的主人就能因此获得一些工钱。经过水碓的旧址往前走，穿过一凉亭，旁有一十余丈高的瀑布，如女子秀发一般倾泻而下，形成一个幽潭，潭水清清，又顺着岩壁而下，形成第二个大深潭，和周围的凉亭、青山形成世外秘境，这个地方当地人叫包龙潭。

包龙潭下侧是永安桥，东北至西南走向，东北通往巨屿、大峃、平阳、瑞安，西南通往珊溪、仰山、桂山、泰顺。据桥上的石碑记载：永安桥建于民国二十四年（1935），为单孔石拱桥，横联拱券，花岗岩质。总长 26.56 米，宽 6.55 米，净跨 26 米，矢高 12 米，西南、东北桥头各设 13 级不规则的石踏跺，桥面条石和块石有规律地砌筑，桥面两侧各设 11 根望柱，望柱间均用栏板隔开。桥美观坚固，是文成县矢高最高的石拱桥，由珊溪朱昌奏独出银洋 300 元建造。在桥的下

包龙潭

方原有汀步，溪流水量不大的时候，人们就从汀步上走到对岸，下暴雨的时候，人们就会从桥上过。站在桥上，桥前是一帘幽瀑，桥下是溪水淙淙，桥旁古树依偎，偶尔几只白鹭从潭上飞起嬉戏，那烟雨中的景色是别有一番风味的。

在永安桥附近有一处 1979 年建的化工厂的旧址。村支书告诉我们，这个厂原有职工 40 多人，生产釉料产品氧化钴，曾被批准为"龙潭牌"商标。辉煌不再，如今只见一片荒草，显得凄凉。

随着时代的变迁，草席厂、化工厂、砖厂的辉煌似乎已经成了过

永安桥

去，百年之后，不知人们还是否能记起那些厂子的故事，那一座墓的故事。阳光照在永安桥、包龙潭上，感觉它们生来便是风景，无论岁月怎么更迭，都承载着久远的记忆，还诉说着一段段穿口水乡的旧时光。

灯台挂壁李山人

进入村口，石壁上鲜红的"李山"二字映入眼帘。关于李山，我并不陌生，因为我的姑婆就住在这里。姑婆生有一女，我们叫她表姨，她视我婆婆为亲姐妹，山上要是有好吃的芥菜啊、白菜啊、苦槠豆腐啊……她都要往我们家送。我们都很惊讶为什么李山种出来的芥菜梗这么绿这么粗，为什么种出来的萝卜就像一棵大白菜，李山究竟是什么地方？终有一日，我们经过山路十八弯，行车半个小时，终于到达了传说中的李山。此后的每一年，我都有幸跟随家人到山上去看望姑婆和姑公，记得那时姑公90岁了，依然耳聪目明，行动矫健，还能烧菜、洗碗。我最想念的是那一口他煮的陶罐焖羊肉，就是用炭火放在陶罐下，将羊肉洗净与山上采摘来的草药一起放入罐内，焖上一个上午，那香味让人垂涎欲滴，煮出来的羊肉软糯可口，至今让我留恋。而更让我讶异的是，竟然是姑公在照顾姑婆，一直是姑公在做家务事，一辈子靠山吃山，简简单单走了大半生。无论他们的女儿怎么请求，二老都不愿意下山，总觉得在山上住得自在，直到现在94岁的姑公无

李山

法照料 89 岁的姑婆，才下山来和女儿住在一起。

　　李山因后山形似狮子，山顶有一巨石称为狮子岩，山里原始树木繁茂，山下清泉，水甘清冽，山因陡而峭，喻为灯壁。村前层层梯田，便为灯脚，灯台挂壁便是李山的地形特征，故文成流传一民谚："灯台挂壁李山人。"

　　初上李山，让我觉得此处环境非常清凉，青山环抱，绿荫环绕。房子大都建在离地两三尺的石基上。小路非常有特色，有一条供攀爬的石阶，可以延伸到各家各户门前，石阶此起彼伏，房屋也高高低低，错落有致，大家好像就住在一个小寨子里一样。一些房屋外面还建有

李山民房

简易的木质长廊，长廊上随意地晒着菜梗、菜干。

　　李山村先为李姓住，郑姓移居后，李姓迁居渡渎，李山成为郑氏发族地。文成郑氏源于河南荥阳，出自周宣王的异母兄弟——被分封于郑地的郑恒公，及韩灭郑，子孙以国为氏。又汉钟离山出四姓，第四为郑。文成境域郑姓，均自福建辗转迁入，共八大支宗。文成129姓氏，郑氏属第八望族。而李山郑氏始祖方三于元至正甲申年五月十六日，因洪水泛滥，由峃口迁居郑山，子孙分迁李山，自始祖至"培"字行，已23代。郑氏门庭兴旺，家规严明，村内立着一块斑驳的石碑——禁赌碑，碑高87厘米，宽58厘米，碑首饰以花纹图案。额楷书阴文“奉宪敬刻”4字；正文直书19行，每行13至36字不一，主要是严令禁止族人赌博，刻文如下：

事之足以坏心术、隳风教，致贫窭者不一端，而赌博为尤甚。故国朝刑书，于此至严。乃吾乡号为敦庞，而庸人情于律例。用是，于丙寅七月十三日佥情具请邑侯赵公沐批准示严禁，并檄饬大出巡司就近严查。如有不法棍徒，在场聚赌，即行拳究。凛凛宪章，振聋启聩。嗣是，如有犯者，不同大赌、小赌、首从、主客及花会各名色，一经证获，每名照议公罚。不服则鸣官送治，鹰鹯之逐，决所勿辞。又惧其久而玩也，族生世精硕以己资，节年四次觞会。同事以申厥议，亦可以见其用心矣。爰命镌碑，以垂不朽。

禁本境并四围山厂及涂渎等处。

议初犯者每名罚钱一千，酒二席；放庄者斥逐外方，不许入境；过往引诱者，亦照例同罚；重犯者拘入祠内公断，外罚酒二席；首事干犯者，即与重犯者同例。

四季酒期定后：每年元宵备酒一席，端午备酒一席，中秋备酒一席，冬至备酒一席。

地保郑世见、周光士、陈锡佐、傅新和，四明友舒金龄，亲族郑仲明，武林友吴拱辰、李显节、蔡廷卓、陈克正、金友富，国学世哲、世莲、光禧、光月、光忠、耀祖、光显、光秩、光职、世衍、世繁、世珑、应觉，禁首郑世义、世壬、世圣、世标、世悸、世见、世守、世规、应佾、应鉴、应兰、应鸿、应璠、应昆、善起、李国定众具。

时大清嘉庆十二年（1807）岁次丁卯端月日立禁碑，郑氏亲族等同立。

据《文成乡土志》记载，李山乡境在明清时属嘉屿乡五十一都。其背靠狮子山，林木繁茂，为狮子毛；山下有泉，为狮子乳，可供全村饮用。井泉前为池，水色朝清暮红，传为"圣迹"，为当地人养鲤鱼之所，叫"鲤鱼池"。要是饭后无事，大伙就会坐在鲤鱼池的亭子里话话家长里短。当地人说，因李山地形像"灯台挂壁"，池为灯盏，蓄水满即油灯长明，使郑氏子孙永远幸福。造池初意，实为防火。村在山峰，缺乏水源，一旦火起、无处取水，设池则有备无患。盖寓教于"神"而已。

在鲤鱼塘北侧有一石碑，为"禁井碑"，方形，青石质，上有碑帽，下设石座，楷书阴刻而成，嵌于水井北面围墙上。水井长3.1米，宽2.3米，井沿、井壁与井底用规整花岗岩石错缝砌成，设有排水孔和引水槽。刻文如下：

水火既济，自古为然。况处此高山，比户往往呼癸。村中之所尤系者水也。虽有北方渊泉，时时所出，奈源远流长，亦无培植扩充。于是会众合议，建立石井为函，一便地方所饮，一具不测之防。至今公事告成，议条列禁。嗣是如有犯者，不问外亲内族，均罚酒二席，罚钱七百公用，不服则众证鸣攻，必不容情。谨此预闻。

禁水圳不许截断，不许水笕私放，不许井面浸桶，不许洗污衣菜，不许乱置杂物。

首事世规、世珑、世校、世悸、世圣、应侣、应昆、应职、应赞、启振众具。

大清嘉庆戊辰岁（1808）菊月日立禁碑，郑氏等同建。

我记得六七年前来这儿的时候，池塘的水质清澈，还能看到池内众多游鱼嬉戏，不知道是不是人烟稀少、疏于管理的原因，现在已经看不到一汪清水了。

关于李山的民谣很有趣，如"李山断相公，凼口断蚊虫""李山旗杆夹，凼口蚊虫大似鸭"。郑小明老师说来就朗朗上口，对仗押韵。李山的传说更是传神。李山有一郑员外，腰缠万贯，可家中只有一女，为延续香火，他想到在"驮田"进行插秧比赛，招赘纳婿，主要是想找一个身强力壮的女婿为自己养老送终。"驮田"非一般水田，而是方圆数十里最大的水田，从田头到田尾，足有 50 丈。一般人弯腰插秧，插过 10 丈，已经腰酸背疼了。听说郑员外家要招女婿，村里村外的年轻人都十分心动，他们知道郑员外家有一个美若天仙的妙龄女儿。比赛的那天，有二十多个年轻人参加，在两声锣鸣后，插秧比赛就开始了。那天，郑员外的女儿郑春梅第一次踏出闺房，在众多的年轻人中，她一眼就看中了文质彬彬的英俊书生。此刻，插秧的书生也正与春梅四目相对，这一望，两人心里就暗生情愫了。临近中午，很多人因为插秧太辛苦，已经放弃了，比赛到后面，只有三人还在坚持。春梅想起田的尽头是悬崖峭壁，50 丈田地插完后，人站立起来必定会头晕目眩，栽倒在悬崖处。想到这，站在远处的春梅焦急万分，大声喊道："最后一行不要插！"书生心中一直铭记姑娘的这一句话，而其他二人为得第一，不停地插秧，最后起身时已头晕眼花，便一头栽倒在了崖边。唯有书生拿着胜利的旗帜从田的另外一头跑来。后来，人们就叫这口田为"老婆田"。

在李山下，有一个亭，名为李山亭，建在大峃镇通往溪口、平阳县和珊溪、泰顺的要道上，行人要是走累了，就会坐在亭内休息，后因亭子老旧被拆除了。现如今在亭子旧址上盖了一层水泥房，让人有些惋惜。

去往李山亭需走过"摆粥岭"，此岭是明清古道，东西走向，上通金垟李山村，下达峃口镇、平阳县、瑞安市。沿途有青潭坑石板桥、多棵古枫树、高山民居。步道有由条形桃花石铺就的，也有由天然毛石铺就的，还有由山土铺面的。摆粥，是方言音，意为倒掉的粥。关于这个岭的名字还有一个故事，说是村里的妇人每天要给田间劳作的丈夫送饭，可是每次走到这条路上，因为道路崎岖难行，都会不小心滑倒或摔倒，就把菜篮里的粥都倒掉了。男人们知道这个事情后，就发动大家一起修路，就地采石，经过几天几夜的辛苦劳作，才铺设了这一条路。因岭有一百多步路，后来又叫百步岭。原来这一条岭还有这么一个感人的故事，这给我们的古道行又增加了意想不到的收获。

这条岭还曾有一个隆重的娶亲队伍经过，流传着"铜钿做路迎新娘"的传说。关于这个故事，当地郑小明老师娓娓道来。说是位于飞云江北岸李山村有个郑员外，飞云江南岸叶山村有个柳财主，二人十

摆粥岭

分喜欢下象棋，常常一下就下到半夜。一日，郑员外使了一招"当头炮"，柳财主只得弃子认输，但心有不甘，回到家中躺在床上想了半宿，到半夜终于想出了一招"屏风马"，此招可破郑员外的"当头炮"。柳财主不顾夫人劝阻，非要起床，点上"火篾"赶到李山，把郑员外从被窝里叫起来，重新摆好棋局，果真赢了郑员外。郑员外家有一子，柳财主家有一千金，都到了婚配年龄，媒婆就挑了日子给两家说了亲。一日，柳财主又到李山找未来的亲家郑员外下棋。刚要进员外府，忽见员外府门台又窄又矮。郑员外看到柳财主心里有事，就问柳财主："亲家有何心事？"柳财主说："我们柳家轿子又高又宽，这门台恐怕太小了，迎亲之日，轿子如果进不了门台，这可怎么办？"原来，郑员外住在李山鲤鱼塘边，现在叫"新廊下"的四合院里，四合院四周砌有一圈精致石墙当围墙，围墙正对着鲤鱼塘的方向，建有一个门台，四合院进出都要经过这个门台。门台宽五尺，高八尺（这里所说的"尺"是指"鲁班尺"，三尺七寸为1米。这样算来，这个门台宽只有1.35米，高不到2.2米）。郑员外听到柳财主说郑家的门台又矮又小，心里很不是滋味，悻悻地说："亲家尽管放心，你就是抬来一个八抬大轿，郑家的门台照样可以过！"柳财主听出了郑员外的话外之音，也憋了一肚子气：我是好心提醒，你却不领情，反有责怪之意。就借口告辞，回家张罗婚事去了。柳财主回到家里，马上张罗开了，叫来"五十四都"（现巨屿镇）最好的木匠，要他们做一顶最大的轿子，轿子宽六尺、高一丈。还叫媒婆等人偷偷摸底，郑家的聘礼到底是几头牛。过几天，媒婆和打探消息的人都回来了，都说郑家聘礼是三十六头牛。于是，木匠做了轿子之后，马上又做了三十六个牛栏。转眼到了娶亲之日。郑家天没亮就装上聘礼出发，挑的挑，抬的抬，扛的扛，三十多头牛，百十号人，几百米长的"百步岭"上都是迎亲队伍，浩浩荡荡地向叶山柳家而来。可是，沿途百姓数来数去，郑家的聘礼却不是三十六头牛，而是三十七头牛。话说巳时刚过，迎亲队伍就到了柳家。柳家早有家丁和乡亲在迎客，吆喝唱收着清点聘礼。当唱收到三十七头牛时，柳财主不相信，亲自点了三次，还是三十七头牛，柳财主当场就气晕了过去。因为多出的一头牛就会没地方关，相当于是说：给你牛，你都没地方关。以后女方就有话柄落在男方这边了，这当然是对女方很大的羞辱。

柳财主气得满脸通红，一屁股坐在太师椅上，吩咐家丁：装上最高的轿顶，送亲！如果轿子进不了门台，对郑家就是莫大的羞辱，外人就会说了，人家把女儿嫁给你，轿子都进不去，你郑家怎么娶亲续后啊。柳财主有意羞辱郑员外，却又不想黄了这门亲事，就让木匠又做了一个小的轿顶。于是，迎亲队伍一路吹吹打打，进了李山村，到了鲤鱼塘边，陪嫁礼一一进了郑家，可轿子却横竖进不了门台，只有抬轿子的柳家人在偷着乐。郑员外把这一切全都看在眼里，站在门口不慌不忙地说："金银如水大门进，铜钿做路上高台。把铜钿打捆，铺路上门台！"郑员外一声令下，郑家挑出几十担铜钿，男女老少一起帮忙，用细绳子将铜钿穿孔打捆，不一会儿，上百捆"铜钿捆"累积起来，做成台阶，从门台的外侧一直铺到门台之上，再从门台之上铺到院子里。吓傻的媒婆恍然大悟，大声喊道："起轿！"一班人马又吹吹打打起来，在众人目光的注视下，八人大轿从门台顶上稳稳当当地被抬进了郑家。

想来这郑员外和柳财主好下棋，没想到生活也成了他们的"棋局"，也许结为亲家以后的他们的生活更加热闹非凡，想来他们的棋局也会越来越有意思。

梨花源里

看到白，就会令人情不自禁地想起十源的梨花，雪尽后，梨花也会像赶集一样来了。十源的梨花似乎和南田的雪梨一样带着甜味。

3月末，朋友圈里早早就有人晒出照片：本周末梨花开了，快点来！虽然那天下着雨，但大伙儿还是赶来了。梨花带雨好似伊人的泪，蒙蒙的，让人心疼；中间的花蕊定是她的唇，粉粉的，让人心醉。有诗道："梨花如静女，寂寞出春暮。"可这里的花并无"寂寞"可言，有三朵四朵挨着的，也有成群拥着的，似一群情窦初开的少女窃窃地私语着什么。那含苞的花瓣的外围敷着一层红，渐渐地，由红变成花瓣内侧的白，如水波一样含蓄地"荡开"。梨花开的姿势也千姿百态，有袅娜的，有欢快的，有迟疑的，有迷蒙的，在这绵延百亩的山野上，在这早春安静的清晨，以她们惯有的身姿诉说着自己的存在。这时候阳光拨开云层，漏下了几绺照在这一片梨花海上。微风拂过，飘来淡淡香味，带着山涧的风，带着雨过的清新，带着初春泥土的蠕动，带着这早来人们的期盼，在梨花的枝头轻轻摇摆，好似可人儿心湖的摇曳。游人

十源村（陈玉潮摄）

们已经情不自禁地拍起照来了，为了跟这满目的梨花合一个影，为了圆自己与春天的约会，也为了以自己的方式把春留住。

到了八九月，十源的梨子更是一个个如绿葫芦一般从树上蹦出来，无论大的小的，随手一摘，吃到嘴里，"咔嚓"一声，那鲜甜的汁水流入了喉间，整个心情就跟着舒畅起来。在十源，几乎家家户户门口都会有一棵梨树，让这里充满了田园诗意。

十源历史悠久，在明清时属青田九都，新中国成立前后属十源乡。2004 年 6 月行政村规模调整时，由驮垟、驮房、底新屋、东步四个行政村合并而成。

小溪沿着村庄蜿蜒流淌，此溪名为玉泉溪，从撩天岗而来，流过山岗，流过田畈，流向远方的飞云江。溪面有一处简易的石板桥横跨其上，桥身较窄，勉强可供两人行走，旧时此桥是十源通往外界的必经之路。虽久经风雨，但桥身仍稳固。

村内有多处历史古迹。有建于清朝中期的东岸宫，是由廊轩、前厅、戏台、正厅组合成的木构建筑，现如今保存完整。1959—1980 年东岸宫用作十源乡政府办公场所，前厅借用为供销合作社的营业房。

建于清乾隆四十四年（1779）的蒋氏宗祠，占地千余平方米，内塑先祖容像，祠门留古笋石柱一对。新中国成立后，因无学校，祠堂无偿借用为教育事业的校舍。

村内姓氏庞杂，住着朱、赵、吴、黄、廖、华、邓等，首居是蒋氏，由宋初青田南部徙居南田马堡（底新屋，驮房村史称马堡），之后陆续迁入其他姓氏。十源蒋氏出过好多有才能之人。据《文成乡土

东岸宫

志》记载：元朝有蒋守诏和蒋恂，蒋守诏字子泽，元时任平阳州判。时方国珍据永嘉、瑞安，守诏与守官并力保障州城，民赖以安。历官至中宪大夫副都元帅，卒葬马堡，即十源。蒋恂，字希温，为守诏从孙，明永乐癸卯举人，授福建崇安县训导，左迁湖广卢溪湖汩所，官秩满，转中山照磨，不就归田。著有诗文集 50 卷，卒葬马堡。清朝的人物有蒋明志，是清乾隆时庠生，庠生也就是秀才，为明清科举制度中府、州、县学生员的别称。

　　蒋守诏和蒋恂都卒葬马堡，马堡地有山似马形，像扼守着古城堡，故取名"马堡"。马堡有上堡、下堡之分，上堡即今"十源"，为蒋氏发族地，溯其源当在宋仁宗时即迁居此地。蒋氏族谱记载：汉蒋诩居东阳，其 12 世孙蒋隆迁青田，子蒋舆生九子，长进居沐溪，次兴居马堡，三欢居南田华村，六米居部港，七易居钓滩，八缯居湖湾，九缆居密溪。马堡蒋兴生五子，长九思居马堡，次煜居青田坊邻，三恢居南田高村，四罕居南田印洋，五宫居马堡。而《青田县志》所记载的与此谱稍有不同。

十源寨，海拔将近 900 米，山形像大象之头，山岗向下延伸酷似象鼻，故又名象鼻山。关于象鼻山曾流传着一个有趣的故事，说是学法归来的蒋真人与土地爷斗法，斗法的缘由是蒋真人穿着袈裟，让土地爷误以为他是真佛，土地爷因此任劳任怨三年为蒋真人舂米。一日，蒋真人脱去袈裟，让土地爷撞见，知道自己被骗了，十分生气，于是便与蒋真人斗法。他们斗了七天七夜，双方打得难舍难分，最后蒋真人斗法失败，被土地爷封在了蛤蟆石下。

象鼻山下延伸而出的山岗有几棵古树特别引人注目，古树让道路显得越发隐秘，也许是历史厚重的气势，也许是大树的伟岸吸引了我，让我绕在树下走了一圈又一圈，不舍离去。这些古树有南方红豆杉、银杏、柳杉、苦槠。虽历经千年沧桑，但树体高大，苍劲挺拔，犹如擎天柱直冲天空，其枝叶繁茂，遮云挡阳。据村支书回忆，小时候他还在这些古树上攀爬，依稀记得倾斜的那棵红豆杉果子特别甜。现在村里山林、路旁，凡是有土壤的地方，都可以随处看见拔地而起的小小红豆杉的身影，这是因为山林的鸟吃了红豆杉的果子，然后将种子经过粪便传播。

十源多水井和洗衣石。由于海拔较高，十源的饮水是一个问题，

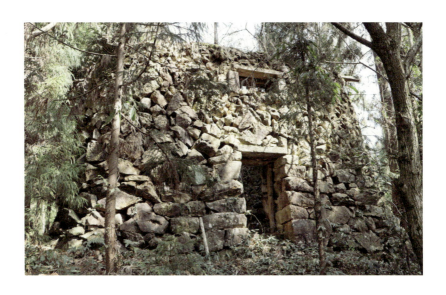

碉堡

特别是干旱的时候，但水井的存在帮助村民渡过了很多难关。

村子里最引人注目的是一处碉堡。经过一处破败的宅院，从门槛石刻印记可以看出当年这一幢房子可是大宅院。绕过宅子，站在最高点，隐约可以看见一个圆形碉堡，位于驮房自然村上庄，建于1928—1930年间，坐北朝南。碉堡的墙由山间不规则块石砌筑而成，高6米，单层重檐歇山顶，铺小青瓦。凑近一看，碉堡整体保存完整，墙体由当地的石头垒成，每面墙上都有不同方向的通气孔、瞭望口、机枪口和直棂窗，内宽外窄，呈八字形。由于年久失修，顶部已塌陷，破碎的木材横七竖八地散落一地。碉堡的四周已经长满了杂草。此碉堡内原来还设有壕沟。与碉堡相连的还有一条地道，这条地道的入口就在村内蒋氏小祠堂，我猜想，应该是为战时防守要道，只是后来不知什么原因，地道入口被封住了。望着碉堡，不知道这里曾经发生了什么，可作为岁月的遗迹，它见证了那一段悲壮的历史。

梨花源里寻古迹，遗落在村庄里的古迹，安放着一个时代的乡愁。随着城镇的集聚化，人口的迁移，百年后，不知还有多少人能记得这里。